dtv

Die Kabarettistin, Entertainerin und Poetry-Slammerin Katinka Buddenkotte hat mal wieder ganz genau hingesehen und lässt uns teilhaben, zum Beispiel an dem sonntäglichen Telefonmarathon mit ihrer Schwester, den leidvollen Erfahrungen mit Mitfahrgelegenheiten, an dem kläglichen Versuch, Ferien in Litauen zu machen, und dem einst so friedvollen Zusammenleben einer Männer-WG.

Vierzehn brandneue, charmant-ätzende und politisch nicht unbedingt korrekte Betrachtungen über das Leben an sich und im Besonderen.

»Brüllkomische satirische Kurzgeschichten!« (›Grazia‹ über den Vorgängerband ›Mit leerer Bluse spricht man nicht‹)

*Katinka Buddenkotte*, Jahrgang 1976, lehrte lange die Betreiber von Call-Centern, Jugendherbergen und Messeständen das Fürchten. Nach einem Intermezzo als Werbetexterin lebt sie mittlerweile als freie Autorin, Vorleserin und Poetry-Slammerin in Köln. Ihre ersten beiden Bücher ›Ich hatte sie alle‹ (<u>dtv</u> 21156, 2009) und ›Mit leerer Bluse spricht man nicht‹ (<u>dtv</u> 21230, 2010) erreichten Kultstatus.

Katinka Buddenkotte

# Nicht lecker, aber Weltrekord

## Komische Geschichten

Deutscher Taschenbuch Verlag

Von Katinka Buddenkotte
sind im Deutschen Taschenbuch Verlag erschienen:
Ich hatte sie alle (21156)
Mit leerer Bluse spricht man nicht (21230)

Ausführliche Informationen über
unsere Autoren und Bücher
finden Sie auf unserer Website
**www.dtv.de**

Ungekürzte Ausgabe 2012
Deutscher Taschenbuch Verlag GmbH & Co. KG,
München
© 2010 Verlag Die Muschel Köln
Die Veröffentlichung dieses Werkes erfolgt auf Vermittlung der
Autoren- und Verlagsagentur Peter Molden, Köln
Umschlagkonzept: Balk & Brumshagen
Umschlaggestaltung: Wildes Blut, Atelier für Gestaltung,
Stephanie Weischer unter Verwendung eines Fotos von
plainpicture/Christian Brodack
Satz: Greiner & Reichel, Köln
Gesetzt aus der Dorian 10,5/13,5 ·
Druck und Bindung: Druckerei C. H. Beck, Nördlingen
Gedruckt auf säurefreiem, chlorfrei gebleichtem Papier
Printed in Germany · ISBN 978-3-423-21396-7

# Inhalt

*Für meine Schwester*

# Exquisiter wohnen

Auch ich habe auf die Wirtschaftskrise reagiert – ich bin mit meinem Freund zusammengezogen.

Am Vorabend dieses Umzuges ließ mich mein Vater meinen Freund an den Telefonhörer holen, um ihn in das große Geheimnis des eheähnlichen Zusammenlebens einzuweihen.

»Höre, o Freund meiner Tochter, was ich zu verkünden habe«, tönte mein Vater, »denn ich habe ein Geschenk für euch. Ich werde euch das höchste Gut schenken, das den Menschen überhaupt zuteil werden kann: die Freiheit. Und zwar in Form einer Spülmaschine. Denn ohne eine Spülmaschine ist jede Beziehung zum Scheitern verurteilt. Denn wisse, Freund meiner Tochter: Notfalls funktioniert es zwar für drei, vier Wochen ohne den anderen, aber niemals, hörst du, niemals ohne Spülmaschine.«

Wie üblich nahm sich mein Freund die Worte meines Vaters sehr zu Herzen. Insgeheim denke ich, dass die beiden sehr wohl ohne eine Spülmaschine zusammenleben könnten, selbst in einer winzig kleinen Hütte, deren Wände und Mobiliar ausschließlich aus gefüllten Bitburger-Kästen mit Internetzugang bestehen, aber das ist eine andere Geschichte, die sich wohl erst im kommenden Monat zutragen wird. Doch zurück zu meinem Vater.

Auch wenn mein Vater ein weiser Häuptling ist, so ist er selbstverständlich einer höheren Macht gegenüber zum Rapport verpflichtet: meiner Mutter. Und ähnlich wie der große Manitu geht meine Mutter zwar grundsätzlich mit den Ideen meines Vaters d'accord, muss sie jedoch immer noch ein wenig verfeinern. Sie wollte mich am Telefon sprechen.

»Aber dann bekommt ihr eine *neue* Spülmaschine. Mit Garantie drauf. Aus dem Fachmarkt. Und die sollen die auch direkt anschließen«, ließ sie mich wissen.

Recht hatte sie, wie immer. Denn während mein Vater ein äußerst fantasiebegabter Mensch ist, der meinem Freund durchaus zutraut, eine fast fabrikneue Spülmaschine aus dem Gebrauchthandel zu erfeilschen, diese dann schnurstracks auf einem eiligst angemieteten Anhänger zu verschnüren, in das dritte Stockwerk zu unserer Wohnung hinaufzubalancieren und nach einem kurzen, verständnisvollen Nicken durch zwei geschickte Handgriffe anschließen zu können, auf dass ein freudiges, funktionstüchtiges Surren ertönen möge, so lebt meine Mutter immer noch auf demselben Planeten wie wir. Sie weiß, dass mein Freund zwar erhobenen Hauptes eine Leopardenfellweste mit korrespondierenden Stiefeletten tragen kann, aber niemals eine Spülmaschine auch nur drei Meter weit. Dieser durchaus realistischen Einschätzung eingedenk wurden mein Freund und ich bereits am folgenden Tag komplett entmündigt.

Mein Vater wurde nach Köln befohlen, um sämtliche Elektrofachgeschäfte in Köln und Umgebung auf ihre Spülmaschinentauglichkeit hin zu überprüfen. Und ich wurde mit ihm geschickt, um wenigstens die Kunst des Schacherns von ihm zu erlernen.

Wenn mein Vater etwas kann, dann Ahnung von Dingen vortäuschen, von denen er nicht die geringste hat. Sein Trick besteht darin, dass er sich selbst schon längst von der Tatsache überzeugt hat, dass er, auf welchem Gebiet auch immer, Experte ist, den Fachjargon sowieso draufhat und seine charmante Art den Rest erledigen wird. So sehr ich meinen Vater auch liebe – wenn ich mit ihm zusammen einkaufen gehe, bete ich insgeheim, dass Genetik doch nur eine Erfindung der Russen ist.

Als Erstes suchten wir eine Saturn-Filiale heim. Munter trat mein Vater gegen jedes Gerät, jeweils dorthin, wo er wohl die Felgen einer Spülmaschine vermutete, bis er auf diese Weise endlich die Aufmerksamkeit eines Verkäufers erregte.

»Was bringt die denn so auf hundert Kilometer?«, lautete seine Einstiegsfrage an den armen Servicemitarbeiter, und sie erzielte sofort den gewünschten Effekt: Der verunsicherte Mann kratzte sich am Kopf, gab damit seine Deckung auf und landete im vertraulichen buddenkott'schen Würgegriff.

»Wir beide wissen doch, dass das alles die gleichen Maschinen sind, nur anders verpackt, anders bemalt, nur mit unterschiedlichen Preisen, oder nicht? Oder was?«

Der Verkäufer röchelte aus der Armbeuge meines Vaters heraus: »So kann man das aber auch nicht sagen.«

Wenige Sekunden später erfuhr er, dass man so etwas aber auch nicht so sagen kann oder soll, wenn mein Vater in der Nähe ist. Der unwissende Verkäufer hatte meinen Vater nämlich durch diese unbedarfte Aussage zum Praxistest herausgefordert. Während sich mein Vater das inzwischen beinahe vollständig versammelte Personal mit ausgefahrenem Zollstock vom Leibe hielt, testete er zuerst die Miele Quatro Ekofresh auf ihre Geländetauglichkeit und trommelte bald einen wilden Rhythmus auf der geöffneten Bauknecht XZ, bis das Besteckkörbchen tanzte.

»So simuliert man einen Hauptspülgang!«, erklärte er den interessierten Zuschauern.

Gerade als er sich zu einem Proberitt auf eine zierliche Siemens werfen wollte, lenkte der herbeigeeilte Geschäftsführer ein: »Guter Mann, was möchten Sie denn so anlegen?«

Mein Vater schwang das Bein keck über die verschonte Maschine und überlegte laut: »Was ich anlegen möchte? Na, doch möglichst wenig, nicht wahr?« Dazu zwinkerte er neckisch.

Wenn mein Vater neckisch zwinkert, sieht er dabei nicht aus wie Errol Flynn in »Robin Hood, König der Vagabunden«, sondern er sieht aus wie Homer Simpson, der denkt, dass er dabei wie Errol Flynn aussieht.

Seine Darbietung polarisierte das Publikum. Frauen hielten ihren Ehemännern die Augen zu, ich selbst fand auch kein besseres Versteck als das hinter meinen Handflächen. Der Geschäftsführer witterte seine Chance und sprach die Zauberformel:

»Unser preisgünstigstes Gerät bieten wir ab vierhundertneunundsechzig Euro an.« Er lächelte kalt.

Mein Vater sah den Geschäftsführer ungläubig an, zog angewidert die Nase kraus und klappte gekonnt seinen Zollstock zusammen. Kopfschüttelnd wiederholte er: »Vierhundertneunundsechzig Euro? – Ich wollte nicht darin wohnen, ich wollte lediglich ein bisschen Geschirr darin waschen.«

Mein Vater drehte sich auf dem Absatz seiner Bommelslipper um und schritt erhobenen Hauptes zum Ausgang. Ich wartete ab, bis sich die Massen auflösten, dann folgte ich ihm und holte ihn an der nächsten Ecke ein. Aufgeregt hüpfte er von einem Bein auf das andere.

»In spätestens fünf Minuten ist der Kerl hier und macht mir ein realistisches Angebot für die Miele!«, behauptete er triumphierend, den Blick auf seine Armbanduhr geheftet. Gespannt sah er den Zeigern zu, ich half ihm eine Weile dabei. Zwanzig Minuten später sah auch mein Vater ein, dass wir uns langsam auf den Weg zum ProMarkt machen konnten. Dort hatten sie ein Gerät aus Südostasien im Sonderangebot, zu dem mein Vater keine einzige Frage stellte. Nicht mal umgedreht hat er sie, sondern einfach bestellt, inklusive Lieferung und Installation. Ich machte mir Sorgen um ihn.

\*\*\*

Die Lieferanten vom ProMarkt haben unsere neue Spülmaschine natürlich nicht angeschlossen. Vielleicht haben sie zuvor mit dem Geschäftsführer vom Saturn telefoniert, was ich aber nicht glaube. Meine Mutter allerdings hält es mittlerweile für möglich, und mein Vater weiß, dass es so gewesen sein muss. Man kann den Leuten vom ProMarkt noch nicht einmal einen echten Vorwurf machen, schließlich hat meine Mutter ja auch erst sehr spät festgelegt, wo in unserer Küche unsere neue Spülmaschine stehen soll. Nur um noch einmal die Begrifflichkeiten zu klären: Mit unserer Küche und unserer Spülmaschine meine ich die Küche und die Spülmaschine meines Freundes und mir. Beide befanden sich letzte Woche (und befinden sich hoffentlich noch immer) in Köln, meine Mutter nicht. Meine Mutter war noch nie in unserer Küche, aber wir haben ihr ein Fax vom Grundriss der Küche und der Spülmaschine geschickt. Mit »wir« meine ich jetzt wiederum meinen Vater und mich, denn der war ja letzte Woche schon in Köln. Mein Vater hat die Küche und die Spülmaschine gemalt, weil, so meine Mutter, ich »nur schön malen könnte, aber nicht richtig«. Also hat mein Vater ein kleineres Quadrat in ein größeres Quadrat gemalt, und ich habe diese kandinskyähnliche Skizze dann meiner Mutter gefaxt, damit sie eine Vorstellung von den Gegebenheiten in unserer Küche hat. Faxen musste ich, weil mein Vater nur schön faxen kann, aber nicht richtig. Dann haben wir auf den Anruf meiner Mutter gewartet, die aber immer meinen Vater auf dem Handy angerufen hat, weil sie dachte, mein Festnetz könne noch nicht wieder telefonieren, weil es ja gerade noch gefaxt hat. Das Handy meines Vaters lag aber wie immer im Auto, also hat meine Mutter schlussendlich meinen Freund auf dessen Handy angerufen. Der sollte mal kurz aus seinem Zimmer in unsere Küche gehen, die ja auch irgendwie seine Küche sei, um meinem Vater und mir zu sagen, sie, meine Mutter, hätte auch gleich keine Lust mehr, und sie ließe vorwurfsvoll fragen, wo denn überhaupt der Herd auf der Zeichnung sei.

Mein Vater, mein Freund und ich haben dann sehr kurz, aber sehr gut überlegt und entschieden, meine Mutter besser nicht zu informieren, dass mein Freund und ich noch gar keinen Herd besaßen. Stattdessen hat mein Vater ein weiteres kleines Quadrat auf ein DIN-A4-Blatt gemalt und meiner Mutter über das Handy meines Freundes mitgeteilt, dass der Herd jetzt per Fax käme, sie könne den ja ausschneiden und in die Küche legen, wohin sie wolle, und dass sie mich anschließend auch auf dem Festnetz anrufen könne, das wäre ja gar nicht mehr warm vom Faxen, wie sie immer meine.

Schon wenige Minuten später meldete sie sich grußlos am Festnetz: »Ihr müsst den Herd ja auch aufmachen können.«

Ich nickte in den Hörer, eine blöde Angewohnheit, die ich von meiner Mutter übernommen habe. Aber laut und deutlich »Ja, das müssen wir wohl« zu sprechen, wenn es um einen Herd ging, der nur auf dem Papier bestand, das brachte ich nicht fertig.

»Und die Spülmaschine muss man ja auch aufmachen«, dachte meine Mutter laut weiter. Sie hatte mein Nicken durchaus gehört, was mir Gelegenheit gab, voll einzusteigen:

»Ja, aufmachen müssen wir die. Geschirr rein, Geschirr raus, Geschirr rein …« Nahezu brillant beschrieb

13

ich das geschäftige Treiben, das demnächst in unserem Haushalt herrschen sollte.

Meine Mutter ließ sich von der Begeisterung anstecken: »Genau, und dann kannste ja die Waschmaschine in die Ecke stellen und so Platz lassen!«

»Super«, bestätigte ich, beeindruckt von ihrer Pragmatik in solchen Dingen, »dann lasse ich da Platz, wo wir eh keinen Herd haben.«

Meine Mutter fand das auch gut, aber die Männer haben uns die Freude verdorben.

»Wenn die Waschmaschine in die Ecke kommt«, dozierte mein Freund leicht lallend, »dann braucht die Spülmaschine einen mindestens vier Meter langen Abschlussfauch.«

»Abflussauch«, korrigierte mein Vater prostend. Wo eigentlich die Waschmaschine stehen sollte, stand ein halb leerer Kasten Bitburger.

»Flabschlauch!«

»Abflussschlauch!«

»Hihihi! Abflussschlauch auch, ja, und einen Zuflaufschlauch braucht sie auch.«

Mein Freund und mein Vater standen nun dort, wo eigentlich gar nichts stehen sollte, und umarmten sich. »Auch!«, schrien sie.

Das hörte sich nicht gut an. Skeptisch schaute ich in unsere Küche.

»Ich kann mir das so nicht vorstellen, ich muss mir das mit Quadraten vormalen.«

»Gute Idee!«, lobte mein Vater taumelnd. »Ich fahre jetzt mit dem Zug nach Hause zu deiner Mutter und maile dir von da aus die Skizze. Soll ich dann nächstes Mal, wenn ich das Auto abhole, einen Herd mitbringen? Obwohl, ich kann den auch faxen, aber nicht richtig ...«

»Der passt doch gar nicht in die Küche!«, rief mein Freund, der mittlerweile unbemerkt zum Computer gekrochen war, um im Internet nach über vier Meter langen Schläuchen zu googeln. (Manche Menschen wundern sich echt noch, warum ausgerechnet sie immer die versautesten Spam-Mails bekommen – ich nicht mehr.)

Um es kurz zu machen: Wir haben noch immer keinen Herd. Dafür steht jetzt die Spülmaschine dort, wo der Herd stehen sollte. Man kann sie schon auf- und zumachen, aber noch nicht spülen, dazu müsste ja ein über vier Meter langer Schlauch dran, haben die vom Pro-Markt gesagt.

»Siehste!«, hat mein Freund gerufen, und ich habe gar nichts mehr gesagt oder gesehen, weil unsere Küche in Wirklichkeit viel kleiner ist als auf dem Fax. Das kann man sich so gar nicht vorstellen.

\*\*\*

Jahrzehntelang dachte ich, dass sich hinter dem harmlosen Satz: »Nee, lass mich das mal machen, ihr räumt das alle eh immer falsch ein« kein großes Geheimnis verbarg, zumal dieser Satz in ähnlicher Formulierung stets von meiner Mutter geäußert wurde, wenn es um uns, also die Restfamilie, und die zu erledigende Hausarbeit ging. Denn »wir ließen eh immer alles hinterm Hintern liegen«, oder »wir würden eh immer alle die 30-Grad-

Wäsche mit der Kochwäsche« verwechseln. Auf diese Weise wuchsen wir frei von Mühsal und Selbstrespekt auf, im Gegenzug hatte meine Mutter alles schön, so wie sie es mag, und wird erst mal keine Enkelkinder bekommen.

Heute weiß ich, dass es, zumindest wenn es um die Spülmaschine ging, meine Mutter andere Gründe hatte, uns – und insbesondere meinen Vater – von ihr fernzuhalten. Spülmaschinen sind, wenn sie denn mal laufen, Zauberwesen aus einer fernen Welt. Nichts haben sie mit anderer Weißware gemein, sondern sind verführerische Sirenen, die mit ihrem schrillen Gesang nichts anderes im Schilde führen, als Kerlen den Verstand auszuwaschen.

Unsere Spülmaschine ist jetzt angeschlossen. Mein Freund hat eine Affäre, da bin ich mir sicher. Es ist keine echte Männerfreundschaft, wie sie zuweilen zwischen Familienvätern und Kühlschränken bestehen soll. Unsere Spülmaschine ist nicht der Bosch, der für ein klärendes Gespräch gut ist, unsere Spülmaschine heißt: Exquisit. Exquisit! Und genauso verhält sie sich auch. Sie ist wie ein Au-pair-Mädchen, aber kein kuhartiges, trampeliges, wie ich es immer haben wollte, sondern eine Primaballerina mit ganz speziellen Vorlieben. Und sie hat meinen Freund bezirzt. In den langen Wochen, in denen sie nichts tat, außer tonlos und ohne Anschluss in der Küche rumzustehen (dort, wo eigentlich der Herd stehen sollte), hat mein Freund sich ihre Gebrauchsanweisung durchgelesen. Erst die englische. Dann die niederländische. Die deutsche hat er sich im Internet runtergeladen, um sich dann, wissend nickend, die Bilder auf der taiwanesischen anzuschauen. Als er damit fertig war, sagte er mit einem besorgten Ton in der Stimme:

»Wir müssen sehr behutsam mit ihr umgehen. Könnte sein, dass sie etwas empfindlich ist, mit dem vier Meter langen Abfluss- und dem Zulaufschlauch.«

Ich horchte auf. Noch nie zuvor hatte ich meinen Freund die Worte Abflussschlauch und Zulaufschlauch korrekt aussprechen hören. Das Wort »behutsam« hatte ich noch nie von ihm vernommen.

Ich wollte ihn beruhigen, indem ich jedoch leider das eindeutig Falscheste sagte: »Ist ja auch notfalls Garantie drauf.«

Den Blick, den mein Freund mir zuwarf, werde ich nie vergessen, und schon gar nicht, was er düster murmelte: »Notfalls kann ich auch selbst ein Bein beim Pinkeln heben, aber deswegen werfe ich nicht aus Spaß ein paar Welpen aus dem Fenster!«

Nun war mir klar, dass ich mir den Feind ins eigene Heim geholt hatte. Aber ich konnte nichts mehr tun. Schon am nächsten Tag schloss ein Meister der Sanitärtechnik die Exquisit an, für einen Stundenlohn, der die goldenen Dichtungen nicht halbwegs rechtfertigte. Seither ist unser Zusammenleben sehr vielseitig geworden. Ich trinke viel Bitburger und rede mit dem Altglas. Mein Freund sitzt bei der Exquisit in der Küche und schaut sie unermüdlich an. Genauer gesagt die Salzleuchte. Die leuchtet seit acht Tagen, obwohl sie damit nach zwei bis sechs Tagen aufhören sollte. Es war garantiert kein Übersetzungsfehler in der Betriebsanleitung, der dazu geführt hat. Mein Freund hat extra ein paar Brocken taiwanesisch gelernt, um der Exquisit die Eingewöhnung zu erleichtern. Das mit dem Salz macht ihm große Sorge. Als wir die Salzbefüllung vor der Inbetriebnahme besprachen, hat er mir richtiggehend Angst eingejagt. Vielleicht erinnert sich noch jemand an die gruselige Szene ziemlich gen Ende des Filmes *Vom Winde verweht*. Captain Butler wird schier wahnsinnig über den Tod seiner Tochter Bonnie und möchte den Leichnam nicht zum Begräbnis herausrücken. Er verschanzt sich mit dem leblosen Kind in dessen Zimmer und brüllt: »Ich werde meine Tochter doch nicht im Dunkeln allein lassen!« – immer wieder, dass es einem durch Mark und Bein geht. Ganz ähnlich schrie mein Freund: »Ich werde meine Spülmaschine doch nicht mit irgendeinem billigen Salz füttern!«, vor allen Leuten im Supermarkt, als ich ihm die verschiedenen Optionen im Regal aufzeigte. Schließlich bestellte er im Internet die entsprechenden Kristalle aus einem Werk, das auch die Spitzenköche an der Côte d'Azur beliefert. Da konnte ich einfach nicht widerstehen. Ich fand, dass zu so einem guten Salz auch der richtige Pfeffer gehörte. Unbemerkt schmuggelte ich eine Chilischote in das Salzfach der blöden Exquisit. Seither hoffen wir beide, mein Freund und ich, dass das Licht bei ihr erlischt, beide aus völlig anderen Gründen, aber egal. Ich mache eh immer alles falsch. Aber so funktioniert das wohl mit dem Zusammenwohnen.

# Marc mit C

Marc war für mich das, was der Song *My Sharona* für die Musikkultur ist – eine Fußnote in meiner Popgeschichte. Ich sehe ihn ab und zu, und dann lächle ich sogar, aber ich wippe ja auch bei *My Sharona* unwillkürlich mit. Tanzen tue ich nicht mehr dazu, weil mich das Lied zu sehr an den Film *Reality Bites* erinnert, welcher mich wiederum an die 90er-Jahre erinnert. Und die will ich eigentlich vergessen, genauso wie Marc.

»Ich heiße Marc. Marc mit C«, gestand er mir nach einem Bier, und Gott allein weiß, wie lange er an dieser James-Bond-Nummer für ganz Arme gebastelt haben mochte. Marc mit C, das war ja noch außergewöhnlicher als Cornflakes mit Milch.

Marc mit C trank Becks, was sonst?

»Mein Name ist Anastasia«, antwortete ich kühn und versuchte, dabei etwas Zigeunerinnenhaftes in meinen Blick zu legen. Na ja, sagen wir, ich war angetrunken und dachte, ich könnte hellsehen.

Konnte ich auch. Marc mit C sagte genau das, was ich dachte, dass er es sagen würde: »Bist du öfter hier?«

Irgendwie entstand dann mein Plan. Je länger Marc

mit C seine »Marc mit C«-Nummer durchziehen würde, desto beharrlicher würde ich auf meinen Anastasia-Standpunkt beharren: »Ich bin überall zu Hause.«

Mir wurde sofort klar, dass ich da eher in die Clint-Eastwood-Gasse abgebogen war, und ich versuchte zu retten, was zu retten war: »Ich meine, ich bin auf der Flucht. Vor der russischen Geheimpolizei.«

»Oh, ich auch«, antwortete Marc mit C, lächelte und trank noch einen Schluck.

»Was?«, schrie ich überrascht.

»Ich fand das auch Stuss mit der alten Brauerei!«, antwortete Marc und gestikulierte dazu mit den Händen, als wolle er andeuten, dass ihm gleich Antennen wachsen würden – oder eben, dass man bei dem Krach nichts verstehen könnte.

»Lass doch mal vor die Tür gehen«, kreischte ich. Ich dachte dabei an nichts Vorspielerisches. Ich wollte lediglich klarmachen, dass wenn überhaupt jemand hier, dann ich vom KGB gejagt werden würde.

Marc lächelte, wie Marcs mit Cs so lächeln, und wir gingen nach draußen.

»Einfach zu laut da drin«, rief er, als wir vor der Tür des Ladens standen, und zeigte unterstützend auf die Tür, durch die wir soeben gegangen waren.

»Genau, Grobi! Das ist drinnen, hier ist draußen. Drinnen laut, draußen nicht so«, dachte ich, sagte aber: »Na ja, was will man erwarten, wenn die Band *Hellboy Shoutman and the Screamteam* heißt?«

Marc nickte wie ein Oberstudienrat: »Ist auch nicht so meine Musik.«

»Meine auch nicht. Ich war wegen der Vorband hier, *Arschexplosion*.«

Marc mit C bekam einen Lachanfall.

»Ich bin auch zufällig hier gelandet. War vorher auf einem Junggesellenabend, hab aber die anderen verloren.«

Nun bekam ich einen Lachanfall und brüllte: »Der war wirklich nicht schlecht!«

Marc mit C wurde so ernsthaft, wie sie eben so werden können: »Ey, lach nicht, ich heirate Donnerstag.«

Ich sah mich kurz nach den KGB-Agenten um. »Wozu das denn?«, wollte ich wissen.

Marc nahm einen »Kleinen Feigling« aus seiner Jackentasche, Beweisstück Nr. 1. Ich griff zu.

»Na ja, dann ist der 9.9.99. Meine Freundin findet das romantisch, und es lässt sich leicht merken.«

»Wo is'n deine Stripperin?«, fragte ich lallend.

»Oh, die musste um halb zehn weg. Die hatte noch einen Anschlusstermin. Außerdem ist das ja auch abgeschmackt. Warum sollte ich sechs Tage vor der Hochzeit … also, ich meine …«

»Weil's danach nicht mehr geht«, erläuterte ich. »Weil, dann ist das Ehebruch, und man streitet sich ein Leben lang darum, wer die Doppelhaushälfte kriegt.«

Marc sah mich prüfend an.

»Okay, sagen wir mal so: Die Stripperin war nicht mein Typ. Der Ulf hat das Geld für die gesammelt, und der war noch nie gut im Organisieren …«

»Was'n dein Typ?«, hakte ich nach.

»Russische Zigeunerbräute, die auf *Arschexplosion* stehen«, zirzte Marc mit C.

Ich muss zugeben, dass ich ab zwei Promille aufwärts durchaus auf Typen stehe, die gut zusammenfassen können. Wir gingen zu Marc. Er lebte in einer Jungs-WG, die ich eher einem Mark mit K zugetraut hätte. Die Küche erkannte ich am Katzenklo und an dem sich unter schmutzigem Geschirr biegenden Tisch.

In Marcs Zimmer funktionierte die Deckenleuchte nicht. Noch bevor er die Nachttischlampe anknipste, wusste ich bereits, was mich erwartete: Futon-Bett, gefährliches *Reservoir-Dogs*-Poster, Ikea-Bettwäsche von Mutti, Boxer-Shorts, Durex-Kondom. Ich bekam nicht alles in dieser Reihenfolge zu sehen, denn das obligatorische Tarantino-Plakat hing nicht an der Wand, sondern an der Decke. Ob es Marcs Freundin stimulierte? Schrie sie beim missionarisch ausgeführten Akt: »Mister Pink, Mister Pink!«, und machte das wiederum Marc scharf? Wäre es nicht einfacher und auch intimer, wenn Marc beim Sex einfach selbst einen Anzug und eine Sonnenbrille trüge?

Wessen Fetisch auch immer hier bedient wurde, meiner war es nicht.

Als Marc laut und ein Ende signalisierend aufstöhnte, zog ich das Fazit, dass das Poster doch eher auf seinen Wunsch hin dort an der Decke hing und von seiner Freundin nur während der Verlobungszeit geduldet wurde. Na ja, das wäre dann wohl ab Donnerstag Geschichte. Dann würde Marc mit C mit ihr zusammenziehen und das Poster in den Keller wandern. Marc würde dann in einem ordentlichen Schlafzimmer einschlafen, Windlichter mit farblich abgestimmtem Deko-Sand

würden die knuffige Herzchenlampe zusätzlich beto-
nen, denn seine Frau wäre bestimmt eine von denen, die
bei Wohnungsbesichtigungen gern Sätze von sich geben
wie: »Wir sind ja totale Fans von indirektem Licht geworden.« Partnerinnen von Marcs mit C sind einfach so.
Sie heißen Nina und wollen Kinder, die sie Fynn und Au-
relie nennen, um ihre sonstigen Mankos auszugleichen.

Und plötzlich fand ich, mit meiner körperlichen An-
wesenheit und Mitarbeit ein gutes Werk vollbracht zu
haben, und wollte, dass Marc mit C sich dessen auch
bewusst war.

»Was macht denn deine Freundin heute Abend?«,
fragte ich in seine Brusthaarstoppeln.

»Meine was? Oh, die macht das Gleiche … Ich meine,
die ist mit ihren Freundinnen unterwegs. – Du, ich mach
mal Licht aus, ich muss pennen, okay?«

Marc mit C schlief sofort ein. Ich glaube, das war der
einzige Fall von echter Narkolepsie, den ich je beobachten durfte. Ich beobachtete ihn allerdings nicht lange,
sondern stand auf, zog mich an und ging nach Hause.

Jahre später erst traf ich Marc erneut, in demselben
Laden, in dem wir uns begegnet waren. Die Musik war
diesmal nicht so laut, und im Vorbeigehen hörte ich,
wie er einer kleinen Blonden etwas von »Junggesellenabend« zuraunte. Es war der 2. Februar 2002. Die Blonde
lächelte Marc mit C an, ich warnte sie nicht. Herrje, die
Nummer war so abgeschmackt – selbst schuld, wenn sie
darauf reinfiel. Außerdem musste man bedenken, dass
Marc mit C wahrscheinlich erst wieder am 3.3.2003 zum
Schuss kommen würde, wenn er bei dieser Masche blieb.

# Unser Leben war hart

Unser Leben war hart, aber dreckig. Wer es bis in unsere Küche schaffte, blieb dort, bis die Party zu Ende war oder er sein eigenes Zimmer übernehmen konnte. Des Nachts hockten wir oft zusammen und überlegten, wer unsere WG eigentlich gegründet hatte, aber auch der Ältestenrat konnte die Geschichte ihrer Mieter und Untermieter nur bis ins Jahr 1985 lückenlos zurückverfolgen. Einige archäologische Funde hinter der Holzverkleidung erhärteten jedoch den Verdacht, dass schon lange vor unserer Zeit kommunales Leben in der Oberbilker Allee 23 geherrscht haben musste. Die Dose Nasi-Goreng, die wir aus dem Flöz unter der Spüle zu Tage förderten, schickten wir zur Untersuchung an die Uni Düsseldorf. Deren Analyse bestätigte, was wir bereits vermutet hatten: Die Konserve stammte von Aldi, ihre Rezeptur war in den frühen Siebzigern verboten worden, und es wurde uns dringend empfohlen, keine weiteren fossilen Lebensmittel aus der Wand zu entfernen, da es sich bei ihnen um tragende Elemente handeln könne.

Fortan verzichtete unser Stamm also auf in die Tiefe gehende Renovierungsarbeiten. Wenn uns etwas störte, hängten wir etwas anderes darüber. Lange diskutierten wir, ob der Anblick eines Schimmelfleckes ekelerregender war als der des David-Hasselhoff-Starschnitts, der ihn auf fast magische Weise perfekt abdeckte. Als wir zu keiner Einigung kamen, schlossen wir das betreffende Zimmer ab. Bei uns wurde Demokratie noch gelebt.

Gewiss, auf einige Annehmlichkeiten mussten wir verzichten: Besuche von Eltern, Kindern oder normalen Mädchen blieben uns verwehrt. Umso mehr aber hingen wir unsere Herzen an die unterschiedlichsten Tiere und verrückten Schlampen, die bei uns ein- und ausgingen. Wollten die Frauen nicht wieder verschwinden, riefen wir den schönen Markus. Der kam und erzählte den gestrandeten Gespielinnen, dass er Halbindianer sei und außerdem der kleine Bruder von Campino. In Scharen erlagen sie seinem Charme. Er nahm sie mit und setzte sie am Stadtrand wieder aus.

Natürlich waren wir von der modernen Welt nicht ausgeschlossen. Uns war stets bewusst, dass es hinter unserer Wohnungstür ein anderes Universum gab, in welchem andere Regeln galten. Schräg über den Hausflur wohnte nämlich Frau Zeiss, schon immer vierundachtzig Jahre alt und mit jener tollkühnen Toleranz gesegnet, wie sie nur denjenigen zuteil wird, die mit kaputter Hüfte im fünften Stock leben müssen. Sie hielt all unsere Gäste für anständige Burschen, und mich nannte sie ein apartes Persönchen. Manchmal denke ich, dass ihre Taubheit sie blind gemacht hat. Dennoch – Frau Zeiss versorgte uns stets mit ausgelesenen Klatschzeitschriften und abgelaufenen Weinbrandbohnen. So kam es neben dem alljährlichen Rumtopf-Fest zu zahlreichen weiteren Feierlichkeiten, deren Anlässe heute noch zu den weltweit Gesuchtesten zählen.

Unsere Rituale waren uns wichtig, gerade weil sie keinem Zweck zu dienen schienen. Jeden Donnerstag erschien unser Privatschamane Albert, um uns Geschichten vom Ratinger Hof zu erzählen. Er selbst war seit zehn Jahren nicht mehr dort gewesen, keiner von uns beabsichtigte, je dorthin zu gehen, aber immer wieder leerten wir gemeinsam ein Fass Altbier, bevor wir sanft entschliefen.

Samstagmorgens gründeten wir für gewöhnlich eine Band, die sich bei fortgeschrittener Textsicherheit sofort auflösen musste. Menschen, die ein Instrument beherrschten, waren von diesen Sessions ausgeschlossen. Allein bei André machten wir eine Ausnahme, weil er für die Mieteinnahmen zuständig war. Wir nannten ihn Doktor, denn er konnte lesen und schreiben, und außerdem Depp, weil er nie damit angab. In einer anderen Kultur als der unsrigen wäre André wahrscheinlich zum Häuptling auserkoren worden. Er erfüllte alle Kriterien, die einen Stammesführer auszeichnen: Sein Zimmer war durch eine echte Holztür von den übrigen Räumen abgetrennt, und seine Freundin war nicht nur ein äußerst robustes Weibchen, sondern verfügte auch über alle anderen Merkmale, die eine gute Leitstute ausmachen. So war es dann auch sie, die tapfere Susann, die anregte, den alten Kühlschrank zu entsorgen, weil er nicht mehr kühlte. Mit Engelszungen redete sie wochenlang auf das Gerät ein, sich aus unserer Küche zu entfernen. Als der gute alte Frosti jedoch stur blieb und ihrem Bitten nicht folgte, war es wiederum Susann, die den neuen Kühlschrank einfach auf den alten stellen ließ. So waren alle glücklich, und keiner musste sich mehr bücken.

Wir lebten nach unserer eigenen Uhr. Ein Mond war vorüber, wenn André mit seiner Band ein Benefizkonzert gab, Claudius zum Arbeitsamt ging und ich die Pall-Mall-Zigaretten aus der Werbeagentur, in der ich damals noch beschäftigt war, verhökern musste.

Ein Jahr war verstrichen, wenn Olli schwor, dass er zum letzten Mal das Altglas alleine fortgebracht hätte und Martin sein Zimmer verließ, um sich einen neuen Kaftan schneidern zu lassen.

So lebten wir denn glücklich und zufrieden – bis die Designer kamen.

Misstrauisch beäugten wir ihren Einzug vom Dachbodenfenster aus. Sie marschierten in unsere Jagdgründe, mit ihren fremdartigen Maschinen und echten Möbeln. Feine Herrschaften, die sich sogar ein motorisiertes Automobil gemietet hatten, um die Industrialisierung zu beschleunigen.

Unruhe machte sich breit. Die einen versteckten sich, andere begannen, Pfeile zu schnitzen und den Pechkessel zu befeuern. Wir waren bereit, unser Reich zu verteidigen, aber sahen zunächst davon ab. Hätten wir das Unheil bloß im Keime erstickt. Aber es war ausgerechnet André, der sprach:

»Guckt mal, die tragen Gitarrenkoffer nach oben. Und Boxen. Es sind Musikanten, das können keine schlechten Menschen sein.«

Wir wussten, dass wir ihn verloren hatten, als die Designer zu uns hochschauten. Sie lächelten uns zu, winkten, und André rief: »Hallo! Hallo, neue Nachbarn, hallo!« Und als wenn es nicht genug gewesen wäre, dass er unseren Aufenthaltsort preisgegeben hatte, fügte er kreischend hinzu: »Wir sind hier oben! Wir leben hier!«

Es sollte nicht das letzte Mal gewesen sein, dass wir in die ungläubigen Gesichter unserer neuen Nachbarn starrten. Leider nie wieder aus so sicherer Entfernung.

Der Tag ihres Einzuges spaltete den Stamm. Während die einen für einen nächtlichen Überfall plädierten, schlugen die anderen vor, sich mit Brot und Salz ins zweite Stockwerk aufzumachen. Letzten Endes entschieden wir uns, wie wir uns immer entschieden, und ignorierten sie einfach, zwei Wochen lang, bis die Neugier unerträglich wurde.

Eine Delegation machte sich auf, die steilen Treppen hinab ins Tal, bis in den zweiten Stock. Wir hatten den Spähtrupp sorgfältig zusammengestellt. Es waren gute Leute, doch sie waren unerfahren, unter ihnen auch ich. Als uns die Tür geöffnet wurde, gerieten alle aus dem Häuschen. Unser ursprünglicher Plan war, André reden zu lassen, er hatte seinen Satz viele Tage lang geübt:

»Hallo, Fremde! Wir würden euch gerne zwei Eier leihen und auch eine Tasse Milch, falls das geht. Danke.«

Aber er kam nicht dazu. Obwohl es erst zehn Uhr morgens war, strahlte uns der Designermensch im Türrahmen an und überrumpelte uns mit den Worten:

»Hallo, das ist ja schön, dass ihr mal vorbeischaut. Wollt ihr einen Kaffee?«

André erlag dem Lampenfieber, quetschte noch: »Milch, danke«, hervor, wurde aber von dem tapferen Claudius übertönt, der dem Designer drohend zuraunte: »Wir kommen in Frieden.«

»Haha, witzig, ja. Ach, kommt doch erst einmal rein. Passt auf, der Flur ist noch nicht ganz fertig.«

Wir schauten uns verunsichert um. Noch nie hatte einer von uns einen Flur erblickt, der so fertig war wie eben jener. Wir bedeckten die Augen, um nicht vom leuchtenden Weiß der Wände geblendet zu werden. Der Boden war so tückisch eben, dass wir fast auf ihm ausglitten.

»Was um Gottes willen ist das?«, schrie Martin auf, als er einen monströsen Gegenstand erblickte, der wachend in der Ecke stand.

Der Designer wurde unsicher. Verstört stellte er eine Gegenfrage: »Äh, eine Parkettschleifmaschine?«

Olli, unser Technikfreak, trat einen Schritt näher an das Ungetüm heran und tätschelte vorsichtig dessen Rumpf.

»Und was macht man damit?«, wollte er von unserem Gastgeber wissen.

Der verstrickte sich zusehends in Widersprüche: »Parkett schleifen. Also, das machen wir damit. Beziehungsweise meine Mitbewohnerin, die Marlies, die macht das.«

Wir nickten betreten. Mit Frauenopfern kannten wir uns aus. Vielleicht waren die Designer gar nicht so anders als wir.

Eines ihrer Weibchen streckte den Kopf aus einer Tür heraus (sie hatten an jedem Zimmer eine): »Oh, das ist aber nett, dass ihr uns besuchen kommt. Ich bin die Wanda. Schade, die beiden anderen sind schon im Büro.«

Stumm starrte unser Stamm auf André. Auch er konnte den Satz nicht übersetzen. Wieso nur zwei andere, und was war ein Büro?

Wir wurden in eine Küche geleitet, die nur wenige Quadratmeter größer wirkte als unser Modell drei Stockwerke höher.

»Die machen das beruflich, Dinge einräumen. Kein Wunder, dass man hier zu acht am Tisch sitzen kann«, zischte Claudius mir zu.

»Ich bin übrigens Sören«, sagte der Designerbub, und wir atmeten erleichtert auf. Auch in ihrem Volk wurden Vornamen vergeben, keine Nummern. Fasziniert beobachteten wir, wie Sören in Lichtgeschwindigkeit aus einer Handvoll Kaffeebohnen ein aromatisches Getränk herstellte. Als er selber trank, versuchten auch wir von der Mixtur. Sie hatte nichts mit dem gemein, was wir aus unserer Heimat kannten.

»Lecker«, entfuhr es André, »sehr lecker.«

Es war Olli, der die gemütliche Schweigsamkeit unterbrach, indem er sich vor Sören auf den Boden warf und wimmerte: »Bitte, bitte, nehmt mich auf, ich bringe auch das Altglas runter. Sie halten mich da oben gefangen und lassen mich im Tanga spülen, bloß weil ich mein Grundstudium abgeschlossen habe! Habt Erbarmen, bitte!«

Und die Designer lachten. Unverkrampft und herzlich. Schließlich meinte Wanda: »Ihr seid ja eine lustige

Truppe. Seid ihr alle ausgelernte Schauspieler, oder ist das nur so ein Hobby von euch? Ist ja auch schwierig mit freier Kunst heutzutage.«

Es lag an mir, ein Machtwort zu sprechen: »Nun ja, wir kommen damit ganz gut über die Runden. Kunst ist unser Leben.«

André ergänzte: »Ja, wir sind alle sehr künstlerisch tätig. Wenn überhaupt.«

Und Claudius fügte hinzu: »Wir sind ein Gesamtkunstwerk. Zusammen mit unserer Wohnung.« Und berauscht von seinem ersten, echten Kaffee fügte er hinzu: »Kommt doch einfach mal vorbei.«

Er packte Olli am Schlafittchen und erklärte den Besuch so offiziell für beendet. André erwähnte überflüssigerweise, dass wir unsere Eier vor Donnerstag nicht wieder bräuchten, aber da lachten die Designer schon wieder.

Als wir zurück in unserer Wohnung waren, beschloss Claudius einstimmig, dass Olli ausziehen müsse. Oder wenigstens in das David-Hasselhoff-Zimmer verbannt werden sollte.

»Wieso, ey, du hast die doch zu uns eingeladen«, verteidigte sich Olli, aber wir alle lachten ihn aus.

»Die kommen doch niemals hier hin. Das trauen die sich nicht.«

Nur Martin orakelte: »Vielleicht doch. Könnte sein, dass sie ihre Parkettschleifmaschine vermissen und ihre Schlüsse ziehen.«

Wenige Tage später hatten die Designer tatsächlich eins und eins zusammengezählt. Wir hatten jedoch keine Zeit verloren und uns auf ihren Gegenangriff vorbereitet. Wir wollten nicht wie die Dorftrottel dastehen und hatten die Wohnung auf Vordermann gebracht. Die Schleifmaschine hatte es zwar nicht fertiggebracht, die Flecken aus unserem Teppich zu bürsten, doch es war ihr gelungen, ihn dergestalt aufzurauen, dass ein schöner, plüschiger Flor den gesamten Boden bedeckte. Sogar im Bad.

Neben unzähligen raffinierten Extras, mit der wir unsere Wohnung gespickt hatten, hatten wir zudem noch unsere Edeljoker geladen, Albert und Markus. Die beiden teilten sich gerade das dritte Fässchen Altbier, als es klingelte.

»Der GEZ-Mann!«, rief Claudius und trat gut konditioniert den Fernseher von der Anrichte.

»Nein«, flüsterte André. »*Sie* sind es. Ich höre acht Füße.«

»Öffnet das Tor!«, befahl ich und drückte die Klinke herunter.

»Hallo, Nachbarn«, grüßten die Designer, »wir haben mal eine ganz bescheuerte Frage an euch …«

»Wir haben keine Eier mehr«, schrie André, aber da hatten sie ihr Eigentum auch schon entdeckt.

»Ähem«, setzte Sören an, »so grundsätzlich ist das ja kein Problem, sich mal etwas auszuleihen, aber beim nächsten Mal wäre es schön, wenn ihr vorher fragt.«

»Ach, da gibt es kein nächstes Mal«, flötete Martin. »Ich habe die Maschine besiegt. Die tut nichts mehr.«

Wir erwarteten, dass sie den sofortigen Rückzug antreten würden, aber sie erwiesen sich als zäh.

»Kein Ding«, winkte Wanda ab, »ich kann das über meine Haftpflicht regeln.«

Verdammt, sie kämpften mit harten Bandagen, aber wir waren ihnen zahlenmäßig überlegen. Diesen Umstand schien auch Sören zu bemerken.

»Wer ist das?«, erkundigte er sich furchtsam und deutete auf ein Wesen, das am Ende des Flures gegen die Wand lief, fiel, aufstand und gleich darauf einen neuen Versuch unternahm, mit demselben Ergebnis.

»Oh, das«, klärte Claudius die Besucher auf. »Keine Ahnung, wir kennen ihn auch nicht. Wenn wir etwas nicht identifizieren können, legen wir ein Laken drüber. Sieht dann einfach hübscher aus.«

Fasziniert beobachteten die Designer den lebenden Bettbezug, dann zückte Wanda ihr Handy: »Ich ruf jetzt in der Klinik, in der ich arbeite, an. Die sollen sich darum kümmern.«

»Nein!«, schrien wir alle erschrocken, nur das Wesen unter dem Laken hauchte: »Ja, endlich!«

Wir hatten furchtbare Angst, denn wir hatten gehört, dass Krankenwagen sehr groß sind. Bestimmt würden zwei von denen reichen, um uns alle mitzunehmen. Was als lustiger Kleinkrieg begonnen hatte, wollte die Gegenseite also nun mit Völkermord beenden.

Wanda ließ ihr Handy sinken und grinste: »Ich hab euch doch nur veräppeln wollen. Ich dachte, ich mache auch mal einen Witz, wo ihr die ganze Zeit so rumkaspert. Ich weiß doch, was hier abgeht.«

»Was denn?«, erkundigte sich das Laken.

»Na, ihr dreht einen Film«, klärte Wanda uns auf.

Wir nickten begeistert. Natürlich, Schauspieler! Wir drehten Filme, was denn sonst? Eifrig zeigten wir auf die vielen versteckten Kameras, die sich überall hätten befinden können. Die auf die Wände aufgemalten Türen, mit denen wir eigentlich zusätzliche Zimmer vortäuschen wollten, galten plötzlich als weiteres Indiz für unsere Kreativität.

»Ist mehr so ›Dogma‹-mäßig, was wir machen.« Wanda und Sören nickten wissend.

»Dann könnt ihr die Schleifmaschine ja einfach von der Steuer absetzen ...«

Wir alle lachten herzlich, der Bann war gebrochen. Leider stapfte in diesem Moment Albert aus der Küche. Wir hatten ihn und Markus völlig vergessen. Seit drei Tagen.

»Was denn für 'n Film?«, grölte er. »Das ist kein Film hier! Das ist die beinharte Realität, das Leben! Wie damals im Ratinger Hof ...«

Sören und Wanda blinzelten uns verschwörerisch zu. Das Ding im Laken strampelte, und Markus schaltete sich ein. Markus war von jeher nicht der Typ, der einen festen Plan, wenn er ihn einmal verstanden hatte, einfach so verwarf. Er war angestellt, um bekloppte Trinen abzugreifen, also stellte er sich Wanda vor: »Hallo, kleine Feder, ich bin Halb-Comanche, und wer bist du?«

Wanda wich dem schwankenden Markus geschickt aus, als er seinen Arm um ihre Taille legen wollte. Widerstand war er nicht gewohnt, also blieb er auf dem Boden liegen, um sich dort zu wundern.

»Es wird ein sehr dogmatischer Indianerfilm«, versuchte André den Angriff zu rechtfertigen, während

Markus zu dem Betttuch kroch und röchelte: »Du bleibst bei mir, Old Shatterhand, oder?«

»Wir drehen ein Remake von *Winnetou III*«, ergänzte ich. »Markus geht immer so in seiner Rolle auf. Eigentlich ist er voll in Ordnung. Er ist der Bruder von Campino.«

»Das ist ja spannend«, meldete Sören sich zu Wort, »ich bin nämlich sein Cousin.«

In diesem Augenblick war uns klar, dass wir die Schlacht verloren hatten. Und den Krieg. Zum Glück sahen die Eroberer davon ab, uns mit Pocken zu infizieren und uns ihre Altkleidersammlung aufs Auge zu drücken. Sie verzichteten sogar darauf, uns in ein Reservat zu schicken, wahrscheinlich nahmen sie an, unsere Wohnung sei Strafe genug.

Sie taten etwas viel Schlimmeres. Sie verabschiedeten sich freundlich und gingen betont langsam die Treppen hinunter. Wir hörten noch, wie sie diskutierten, ob sie zuerst das Gesundheitsamt anrufen sollten oder ob Wanda zunächst noch ihre Doktorarbeit über uns schreiben dürfe. Wahrscheinlich hat uns ihr Ehrgeiz vor einer sofortigen Quarantäne gerettet.

Unsere WG löste sich schließlich auch so, ohne Fremdeinwirkung, auf, wenn auch nur im übertragenen Sinne. Zuerst zog das Betttuch, dessen Namen wir nie erfahren haben, aus. Olli ging eines Tages das Altglas wegbringen und kam nicht zurück. Wir anderen wurden erwachsen. Jedes Mal, wenn uns ein Designer im Flur freundlich grüßte, trieb es uns die Schamesröte ins Gesicht. Obwohl wir wussten, dass wir ihre Evolutionsstufe nie erreichen würden, gaben wir nicht auf. Wenn sie eine Galerie eröffneten, kämmten wir uns die Haare. Gründeten sie eine hippe Zeitschrift, schrieben wir zumindest eine Bewerbung. Als sie ein Gartenfest organisierten, zogen wir aus. Zu groß war die Schmach, dass wir in all den Jahren den Garten hinter dem Haus nicht einmal entdeckt hatten.

Es hat uns in alle Himmelsrichtungen zerstreut, aber manchmal treffe ich André, der mit Susann in einer schnuckeligen 2-Zimmer-Wohnung lebt. Alles ist sauber und ordentlich, aber durchaus erträglich. Die Designer gibt es immer noch, berichtete mir André. Ihr Aktionismus sei ungebrochen, erst vor wenigen Wochen hätten sie die Straße absperren lassen, um die größte fleischlose Bratwurst der Welt zu grillen.

»Und, hat es geklappt?«, fragte ich ihn, obwohl ich die Antwort schon kannte.

»Schon«, sagte André, »allerdings mussten sie die auf über vierhundert Einmal-Grills braten, aus technischen Gründen. Das ist nicht gerade politisch korrekt, finde ich.«

Genugtuung überkam mich. Wenn die Designer irgendwann den Landtag und die Kunstakademie übernehmen wollen, wird ihnen diese schmutzige kleine Geschichte das Genick brechen, da bin ich mir sicher.

»Wie hat die Wurst denn geschmeckt?«, fragte ich noch, und André antwortete: »Nun ja. Nicht lecker, aber Weltrekord.«

Das, dachte ich, hatten wir mit unserer Wohnung schon vor zehn Jahren erreicht. Wir waren den Designern eben immer ein paar Schritte voraus.

# Wie geil ist das denn?

Mitfahrgelegenheiten bieten nicht nur eine hervorragende Gelegenheit, seinen Horizont zu erweitern, sondern auch die Möglichkeit, unschätzbare Kontakte auf beruflicher und privater Ebene zu knüpfen. Nicht selten wurden mir wahre Geschichten von echten Menschen erzählt, die lediglich geplant hatten, bequem und schnell von Köln nach Berlin zu reisen, aber der Zufall (oder war es das Schicksal?) hatte es gewollt, dass Fahrer und Mitfahrer sich auf Anhieb so gut verstanden, dass sie schon kurz hinter Hannover am Rasthof Garbsen unter Zuhilfenahme zweier Plastikpommesgabeln Blutsbrüderschaft schlossen.

Eine gemeinhin als zurechnungsfähig bekannte Freundin berichtete mir von legendären Nachtreffen auf der A40, denen sie jedes Jahr beiwohne, natürlich angetan mit einem T-Shirt, welches verkündet »I survived the Superstau 1995«. Zwei der Gründungsmitglieder dieser Seilschaft, die einst vierzehn Stunden im Fiesta gefangen war, seien mittlerweile sogar miteinander verheiratet. Natürlich wurde die Ehe standesgemäß in der Autobahnkappelle geschlossen, und statt einander

Ringe anzustecken, ließen sich die Brautleute das amtliche Kennzeichen K-ZL 2567 um die Finger tätowieren. Nachwuchs sei auch schon auf dem Wege, ein Junge, den die Eltern Harrison zu nennen gedenken, weil Ford in Deutschland nicht als Vorname gilt.

Irgendetwas haben mein Freund und ich bisher also falsch gemacht.

»Vielleicht sind wir einfach etwas zu …«

Ich suche nach dem passenden Wort, während mein Freund versucht, seine Brötchenhälfte dergestalt zurechtzuschneiden, dass die Schinkenscheibe kongruent aufliegt.

»… unflexibel«, beende ich den Satz.

Mein Freund starrt auf seinen Teller, wieder kein Frühstück für ihn. Denn entsprechend belegt sieht seine Brötchenhälfte jetzt genau aus wie die ehemalige Sowjetunion, zwar deutlich kleiner, aber ebenso rot. Mein Freund legt das Kunstwerk in die Vitrine zu den anderen ungegessenen Meisterwerken. Wir betreiben kaum noch brotlose Kunst.

»Katinka, es liegt doch wahrlich nicht an uns!«, sagt mein Freund, nachdem er das neue Exponat mit »Serrano auf Weizenmehl, circa 2010« beschriftet hat. »Wir kriegen halt immer Fahrer ab, die total beknackt sind.«

Da kann ich ihm nicht widersprechen. Aus irgendeinem Grund scheinen wir bei Mitfahrgelegenheiten immer jene Leute anzuziehen, die entweder akut selbstmordgefährdet sind oder es unserer Meinung nach sein sollten. Ich denke da nur an den Typen, der uns am Kölner Hauptbahnhof mit den Worten begrüßte: »Tach, ich

bin der Uwe, aber in Flensburg nennen sie mich nur den
›Dalmatiner‹.«

Kaum zwanzig Minuten später, kurz vor Bremen, fügte er hinzu: »Wenn ihr Schiss habt, zieht euch Windeln
an.«

Es gelang uns dank eines zuverlässigen Staus kurz vor
dem Elbtunnel, aus dem Todesmobil zu entkommen.

Mein Freund scheint ähnlichen Erinnerungen nach-
zuhängen, denn er stellt fest: »Immerhin ist der flotte
Uwe nicht eine von diesen Laberbacken gewesen.«

Stimmt. Einmal wollten wir nur nach Düsseldorf. Der
Halter des Wagens überraschte uns bei Fahrtantritt,
indem er mich kurzerhand aufforderte: »Könntest du
vielleicht deine Dinger rausnehmen?«

Da mein Freund mit seinem Lachanfall kämpfte, lag es
an mir, meine Ehre selbst zu verteidigen, doch als ich den
Triebtäter niederringen wollte, zeigte der nur auf meine
Ohren: »Die Kopfhörer. Könntest du die bitte rausnehmen? Ich meine, ich nehme ja eigentlich nur Leute mit,
damit ich mich unterhalten kann. Sonst werde ich immer
so müde. Sehr müde.«

Nie wieder habe ich mir so sehr gewünscht, dass ich
einfach meine Dinger dringelassen hätte.

Dieser fürchterlichen Geschichte eingedenk, beschließe ich, dass mein Freund Bewegung braucht, und
spreche den Fluch aus.

»Supi-cool!«, rufe ich und gehe in Deckung.

Wenn man »Supi-cool« sagt, verfällt mein Freund
einem Veitstanz, in den er alle Elemente eines posttrau-
matischen Stresssymptoms in willkürlicher Reihenfolge

hineinchoreografiert. Schuld daran ist Volker – die Fahrt von Berlin nach München. Wir hatten die Warnsignale überhört.

Schon am Telefon fand Volker es supi, dass wir uns am angegebenen Treffpunkt mit ihm zu treffen gedachten, und cool, dass wir auch zur angegebenen Zeit auftauchen wollten. Supi-cool wurde es erst, als wir uns bereit erklärten, die von Volker errechnete Gebühr für den uns bevorstehenden Höllentrip zu entrichten.

Da die Mitfahrzentrale sich weigert, Volker wegen seelischer Grausamkeit aus ihrer Datei zu werfen, hier ein paar unveränderliche Kennzeichen, um andere zu warnen: Volkers Job ist supi-cool, seine Wohnung ist supi-cool, er geht gerne auf supi-coole Partys, fährt in supi-coole Urlaube und hängt mit seinen supi-coolen Kameraden von der supi-coolen Bundeswehr herum. Achtung: Volkers Freundin ist nicht supi-cool, sondern eine ganz Liebe, was den Verdacht nahelegt, dass sie entweder eine Erfindung Volkers ist oder sich im Wachkoma befindet.

Mögen sich die geneigten Leser diese Warnung zu Herzen nehmen, ich meine es gut.

»Wir brauchen eine Frau«, stellt mein Freund plötzlich fest, »oder besser noch zwei Frauen. Die können dann die ganze Zeit miteinander rummachen, und wir hätten unsere Ruhe.«

Irritiert überlege ich, ob ich eklatante Missstände in unserem Liebesleben verpasst haben könnte, dann aber fällt mir ein: Wir müssen übermorgen los. Von Hamburg nach Kiel, per Mitfahrgelegenheit.

»Das ist genial«, lobe ich meinen Freund. »Wir suchen uns zwei Frauen und schließen sie zusammen, wie damals mit den Schachcomputern. Sie werden sich bald mattspielen, und wir haben auf dem Rücksitz unsere Ruhe.«

Frohen Mutes stürzen wir uns ins Internet, wo wir bald ernüchtert feststellen müssen, dass man sich zwar problemlos überall zwei Frauen bestellen kann, diese allerdings nie nach Kiel fahren. Zwar gibt es eine lesbische Mitfahrzentrale, die aber wiederum meinen Freund nicht transportieren will, selbst dann nicht, wenn ich ihn als Übergepäck deklariere.

Schließlich finden wir Britta. Britta ist voll okay. Sagt sie zumindest.

»Ihr wollt nach Kiel. Ich auch, okay.«

Kein Wort zu viel von unserer Fahrerin in spe, wir sind guter Dinge. Forsch frage ich nach: »Und der dritte Platz, ist der auch schon besetzt?«

»Ja«, antwortet Britta, »da hat sich eben noch so 'n Mädel gemeldet.«

Begeistert sagen wir Britta für den Mittwoch zu. Bisher haben wir Glück. Wir haben tatsächlich Frau Britta und noch so 'n Mädel bekommen. Alles Weitere hängt nun von unserer perfekten Planung ab.

\*\*\*

Mein Freund und ich haben uns auf eine einfache, aber wirkungsvolle Tarnung geeinigt. Wir wollen ein frisch verliebtes Paar mimen, das unansprechbar, weil trunken vor jungem Glück, wirken soll. Falls uns unsere schauspielerischen Fähigkeiten im Stich lassen sollten, haben wir zur Not einen Träger Bitburger im Handgepäck. Jeder seinen eigenen, versteht sich.

Seit neun Uhr stehen wir am Treffpunkt, Bahnhof Hamburg-Ohlsdorf. Britta wird laut Protokoll gegen elf Uhr hier eintreffen oder Punkt elfhundert, zentraleuropäische Zeit, wie mein Freund es formuliert. Die Junkies von gegenüber glotzen uns verunsichert an, obwohl wir ihnen mit unseren Dosen zuprosten. Vielleicht liegt es daran, dass wir uns teilweise im Gebüsch versteckt haben. Wir gehen davon aus, dass es schlauer ist, wenn wir »noch so 'n Mädel« erst einmal ausspähen, bevor sie uns zu Gesicht bekommt. Dann können wir individuell reagieren. Falls es sich bei der Zielperson um so eine kleine Studentin handeln sollte, müssen wir unsere Bierreserven auffrischen.

Leider konnten wir in der Eile kein zufriedenstellendes Exposé über unsere Fahrerin Britta zusammenstellen, weil sie Müller mit Nachnamen heißt. Allein in Norddeutschland leben 6780 registrierte Personen unter diesem Namen, die Dunkelziffer ist vermutlich weitaus höher.

Bereits um zehn Uhr macht sich der Lagerkoller in unserem Camp hinter dem Altglas-Container breit. Keine Britta Müller, keine Spur von noch so 'm Mädel. Um nicht durchzudrehen, proben wir unseren Sprung auf die Rückbank von Brittas Wagen. Immer wieder schlagen wir hart auf dem Asphalt auf, unsere Schlafsäcke könnten uns nur schützen, wenn wir zur Punktlandung fähig wären.

Ich sehe, wie einer der Junkies auf dem Handy eine verdächtig kurze Tastenkombination eintippt, vielleicht den Notruf.

»Oder Brittas Kurzwahl«, orakelt mein Freund düster und befiehlt: »Geh rüber! Nimm Bier mit, mach dir ein paar Freunde! Ich tippe darauf, dass der mit dem grauen Bart der Maulwurf ist. Zieh doch bei Gelegenheit mal dran.«

Um zehn vor elf kommt Leben in die Bude. Das Bier ist leer, der Bart meines neuen Freundes namens Bomber echt, und »noch so 'n Mädel« ist endlich aufgetaucht. Es trägt einen riesigen Rucksack, eine Isomatte und überflüssigerweise noch einen Streifenpulli.

»Verdammt, das ist ja noch ein Kind«, entfährt es mir, als »noch so 'n Mädel« sich am Familien-Benz von Mami und Papi verabschiedet, dabei nimmt es Küsse und einen Proviantsack entgegen.

»Es ist ein grausamer Krieg, aber wir sind auf der richtigen Seite«, knurrt mein Freund und macht sich auf dem Weg zum Streifenpulli.

Zur Einschüchterung bleibt er etwa einen Meter vor ihm grußlos stehen und fängt an, komisch zu riechen.

Die Operation »Skunk-Anästhesie« ist geglückt, der Streifenpulli gelähmt, mein Freund grinst. Es sind die kleinen Dinge, die einen Mann zu einem Helden machen.

Plötzlich überschlagen sich die Ereignisse. »Tut-tut!«, tutet es hinter mir, zu meiner Überraschung ist es keine Tute, sondern einen Hupe, die da tuten tut. Brittas Hupe. Sie kurbelt das Fenster herunter.

»Hallo, ihr seid wohl das Paar, oder?«, versucht sie mich auszuhorchen. Mein Freund erkennt die Brenzligkeit der Situation sofort, schlägt die Hacken zusammen und spricht zackig: »Jawoll, das Paar! Frisch verliebt, Ma'm, trunken vor Glück!«

»Okay«, antwortet Britta und wendet sich an den Streifenpulli. »Willst du dann vorne sitzen?«

»Bitte«, haucht das Mädchen.

Die lokale Betäubung, die mein Freund gerade an ihr vorgenommen hat, lässt langsam nach. Ein wenig bedauerlich ist es schon, dass wir ganz umsonst unsere Hechtsprünge exerziert haben, aber die Genugtuung macht vieles wieder wett. Wir streichen uns den Rollsplitt vom Kinn und steigen zufrieden durch die hinteren Türen ein. Als auch der Streifenpulli sitzt, erkundigt sich Britta bei ihrer Beifahrerin: »Wie heißt du denn eigentlich? Ich habe deinen Namen am Telefon nicht mitbekommen.«

»Kerstin«, antwortet Streifenpulli, und das Unheil nimmt seinen Lauf.

Ich habe viele, viele saudämliche Agentenfilme gesehen, aber auch in den billigsten Streifen wurde kein Codewort gewählt, das noch bescheuerter gewesen wäre als Kerstin.

»Kerstin!«, kreischt Doppelagentin Britta aufgeregt und tritt noch aufgeregter aufs Gas. »Krass, meine Cousine heißt auch Kerstin!«

»Das ist ja cool!«, gibt Kerstin zurück.

»Supi-cool!«, murmle ich versehentlich, und mein Freund versucht, die Autotür zu öffnen. Kindersicherung, Pech gehabt!

Die beiden Teufelinnen vorn beschließen ihren grausamen Pakt, indem Kerstin Britta von ihren Keksen anbietet. Uns nicht. Sofort wird klar, dass die Spezialzutat in den Plätzchen Adrenalin ist, und zwar nicht zu knapp. Kerstins Mutter hat Kreischkekse gebacken.

»Wohnst du in Kiel?«, erkundigt sich Kerstin.

Ich habe noch nie jemanden so laut nuscheln hören. Mein Freund blickt sich hektisch nach irgendwelchen Dingen um, die er sich in die Ohren stecken kann. Er will es mit seinem Schweizer Armee-Messer versuchen, ich falle ihm in den Arm. Wenn ich leiden muss, dann soll er es auch.

»Ja, ich studier da. Auf Lehramt«, brüllt Britta zurück, und Kerstin jault: »Ich auch, Bio und Sport.«

Britta hält den Mund für eine halbe Sekunde geöffnet, hektisch blicke ich mich nach irgendwelchen Dingen um, die ich hineinstecken kann. Der Schlafsack ist nicht in meiner Reichweite, also geschieht das Unausweichliche:

»BIO UND SPORT? ICH AUCH! WIE GEIL IST DAS DENN!«

Wenn wir nach der Lautstärke gehen, in der Britta ihre Frage formuliert hat, müsste man wohl ganz klar mit »endgeil« antworten. Doch Kerstin weiß diese Performance noch zu toppen:

»Sag bloß, du musst jetzt auch zu dem Blockseminar von Fischer-Döberlein? WIE GEIL IST DAS DENN?«

Leider fallen sich die beiden Blockseminaristinnen nicht in die Arme und bereiten uns auf der Autobahn so einen schnellen und gnadenreichen Tod. Sie schrillen einfach weiter vor sich hin.

Hilfe suchend schaue ich meinen Freund an, und es gelingt mir dabei nur mäßig, etwas von der verabredeten frischen Verliebtheit in meinen Blick hineinzulegen.

Mit letzter Kraft reicht er mir eine leere Bierdose.

»Soll ich mir die in die Ohren stopfen?«, frage ich, in der Hoffnung, dass er von meinen Lippen ablesen kann. Denn zu hören sind nur die beiden Kampfjets an der Front, die sich gerade darüber einig geworden sind, dass Fischer-Döberlein voll keine Ahnung hat.

»ECHT VOLL NICHT, NE? WIE GEIL IST DAS DENN?«

Mein Freund schüttelt den Kopf und macht vor, wie ich aus der Dosenöffnung den letzten Bierhauch inhalieren kann, um nicht wahnsinnig zu werden. Aber der Feind ist stärker. Ohne Krümel im Mund legen sie locker noch dreißig Dezibel zu und sind in der Lage, noch längere qualvolle Sätze zu bilden.

»ICH STUDIER JA NOCH NACH DER ALTEN STUDIENORDNUNG. DA HATTE ICH NATÜRLICH GLÜCK. UND DU, KERSTIN?«

»ICH LEIDER NICHT. ABER ICH FINDE DAS VOLL COOL FÜR DICH. ICH MEINE: WIE GEIL IST DAS DENN???«

Ich muss tatenlos mitansehen, wie mein Freund zu kollabieren droht. Er reagiert extrem allergisch auf hohe, laute Stimmen. Er kann nicht über einen Spielplatz gehen, ohne den Kopf zwischendurch in den Sand zu stecken, um sich Linderung zu verschaffen. Noch etwa dreißig Kilometer bis Kiel. Er wird sterben, wenn wir nichts unternehmen.

»Plan B«, schnaufe ich ihm ins Ohr, und er nickt, mit dem leeren Blick eines Kamikazefliegers. Ich atme durch, es könnte funktionieren.

Britta sagt: »Letztes Jahr bin ich ja für ein paar Wochen ausgefallen, weil …«, und bevor Kerstin ihr Bedauern äußern kann, brüllen mein Freund und ich unisono: »WIE GEIL IST DAS DENN?«

Wir genießen die folgende Stille, atmen sie ein wie die frische Luft, nach der man lechzt, nachdem man wochenlang in einem Schacht verschüttet war. Doch wir haben den Feind nur betäubt, nicht zerstört. Britta entpuppt sich als Veteranin auf dem Schlachtfeld, sie bringt ihren Satz zu Ende: »… weil mein Auto kaputt war.«

Bei diesen Worten schaut sie drohend in den Rückspiegel. Selten habe ich jemanden so deutlich nonverbal die Worte sprechen sehen: »Unfälle passieren, also Vorsicht auf den billigen Plätzen.«

Mein Freund und ich schauen betreten zu Boden, damit Kerstin und Britta unser Grinsen nicht sehen. Kerstin greift den Faden auf, ohne in der Lage zu sein, eine plausible Geschichte daraus zu stricken:

»Ja, ohne Auto ist scheiße, ich habe auch keins.«

»WIE GEIL IST DAS DENN?«, grölen mein Freund und ich, es sind noch zwanzig Kilometer bis Kiel, da kann uns Britta nicht mehr drohen. Sie tut es trotzdem.

»Ey, ich finde euch voll asozial, also, wenn ihr uns noch mal nachmacht, dann fliegt ihr raus!«

»WIE GEIL IST DAS DENN?«, rufen wir. Wir können nicht anders.

Britta ist so nett, anzuhalten, bevor sie uns aus dem Auto wirft. Sie hat uns die Fahrt nicht in Rechnung gestellt, will allerdings auch nicht für unsere geplatzten Trommelfelle aufkommen. Egal, von dem gesparten Geld können wir uns ein Taxi in die Innenstadt leisten, und glücklicherweise hält eins vor uns. Der Fahrer sieht auf unser Gepäck, schnaubt und deutet auf das Schild auf der Beifahrerseite, auf welchem steht: »Kippe aus, anschnallen, Schnauze halten.«

Mein Freund und ich lassen ergriffen ein paar stille Tränen fließen, umarmen uns und halten uns ganz, ganz fest. In diesem Augenblick wissen wir, wir haben die Person gefunden, mit der wir den Rest unseres Lebens zusammensein wollen. Bis vor einer Stunde hätten wir nicht vermutet, dass es ein Mann mit beigefarbenem Pullunder, Schnauzbart und heftigem Mundgeruch ist, aber das Leben ist eben voller Überraschungen, und ich meine, WIE GEIL IST DAS DENN?

# Kittycat

Die Eiswürfel in meinem Glas klimpern leise. Die Umsitzenden hüsteln nervös. Ich nicke dem Croupier zu. Die Prominenzen am Tisch halten den Atem an, der erstaunlich jugendliche Kulturattachée zu meiner Rechten drückt meine Hand. Ich drücke nicht zurück, ich würfle.

»Eine Sieben!«, ruft fassungslos der Croupier, und ein Sturm der Begeisterung bricht los, Konfetti regnet, Tauben werden aus den Luken unter der Decke gelassen, Tom Jones hechtet auf die Bühne und schmettert: »It's not unusual …!«

Und der Tiger hat recht: Ich gewöhne mich ans Gewinnen. 750 000 Dollar! Nicht schlecht für einen halben Abend – allerdings muss ich die Moneten ja noch in Euro umrechnen.

»Genug für heute«, sage ich zu meinem Begleiter, deute eine Verbeugung in die Runde an und erhebe mich galant. Den Weg zur Kasse des Casinos muss ich mir nicht bahnen, die anwesenden Damen sind höflicherweise so in Ohnmacht gefallen, dass sie eine bequeme Gasse zum Schalter für mich bilden.

Kurz vor der Kasse baut sich Phillip Hastings, der

Casinochef, mit verschränkten Armen vor mir auf: »Sie spielen ein gefährliches Spiel, Kittycat!«

»Was wollen Sie damit andeuten, Phil?«, entgegne ich und verenge meine Augen zu Schlitzen.

Mein Kulturattachée stammt aus einem unkomplizierten Land, also tastet er nach seiner Waffe. Phil Hastings hält sowohl dieser freundlichen Geste als auch meinem eiskalten Blick stand. Er hat in dieser Woche rund acht Millionen Dollar an mich verloren, ihm steht das Wasser bis zum Hals.

»Ich will damit andeuten, dass Ihr System nicht ganz sauber ist, meine Liebe.«

Ich lächele und schüttele den Kopf, in der Art, als hätte er mir soeben einen sehr alten, aber qualitativ äußerst hochwertigen Witz erzählt: »Phil, Phil, Phil …! Ich habe kein System. Ich denke nur nach.«

Um das Zentrum des Denkens für Phil Hastings zu verorten, tippe ich mir leicht an die Schläfe. Mein Begleiter tippt Phil Hastings an die Schläfe. Das genügt, um den Casinochef für fünfzehn Minuten ins Traumland zu schicken.

Ich wende mich nun an die Kassiererin, die mit offenem Mund meine Chips entgegennimmt: »Guten Abend, Darlene! Zehntausend für Sie, wenn Sie dieses Karpfengesicht einstellen und noch einmal Zwanzigtausend dazu, weil Sie meine Myspace-Freundin sind.«

Darlene errötet und reicht mir einen exquisiten Schweinslederkoffer, den es ab Gewinnen von einer halben Million gratis dazu gibt.

»Der Tag ist noch nicht zu Ende«, lasse ich meinen

Begleiter wissen, während wir am Ausgang darauf warten, dass mein Wagen vorgefahren wird. »Wir müssen Hastings etwas geben, an dem er eine Weile zu knabbern hat. Sorg dafür, dass das Video von ihm, in dem er im Häschenkostüm zu Bon-Jovi-Songs tanzt, bei YouTube erscheint.«

Der Kulturattachée nickt bewundernd.

Beim Einsteigen in meinen Bentley fällt der ganze Arbeitsstress von mir ab, und ich beschließe, noch einen draufzumachen: »Lass uns ins ›Luxor‹ gehen und schauen, was unsere Bestechungen machen. Wenn ich mich nicht irre, müsste in zwanzig Minuten das gesamte Orchester, das Celine Dion bei ihrer Jubiläumsshow begleitet, den ›Ententanz‹ anstimmen.«

Mein Begleiter grinst spitzbübisch: »Eines bewundere ich besonders an dir, Kitty. Du weißt immer noch die kleinen Dinge des Lebens zu schätzen.«

Ich lehne mich im Sitz zurück und erwidere nachdenklich: »Das Leben hat mich eines gelehrt, Fernando: All das – es kann jederzeit vorbei sein. Erinnere dich an Reno.«

»Sprich nicht von Reno«, entgegnet er flüsternd und legt seinen Zeigefinger auf meine Lippen. »Wie wäre es, wenn ich dich noch ein wenig attachiere, bis wir im ›Luxor‹ sind …?«

So in etwa habe ich mir mein Leben als Spielsüchtige vorgestellt, auch wenn ich die hässliche Szene in Reno dabei gern verdränge. Aber die Dinge entwickeln sich meist etwas anders, als man denkt. Auf der einen Seite ist meine wahre Spielsucht herrlich klassisch. Sie besitzt alle Charaktereigenschaften, auf die eine solide Lebensverpfuschung gründen sollte: Ich verheimliche meine Sucht, schäme mich für sie, finde tausend Ausreden und Entschuldigungen und versichere mir und anderen, dass ich jederzeit damit aufhören kann.

Auf der anderen Seite ist sie äußerst unterentwickelt. Bei meinem Spiel gibt es keinen Einsatz und dementsprechend auch keine Gewinnchancen. Nicht einmal soziale Interaktion erlaubt mein Spiel, nur die Möglichkeit, sich selbst zu demütigen. Denn mein Spiel ist das niedrigste aller Spiele, das Spiel, dem jene Sekretärinnen erliegen, denen Solitaire zu komplex erscheint. Es ist ein Spiel, das schon in vergangenen Jahrhunderten ein Synonym für unheilbare Dösigkeit gewesen ist.

Wenn bei einem Ball die Debütantin vorgestellt wurde, die einem Mastodon gleich auf dem Parkett herumstampfte, und ihr debiles Lächeln dabei das vorläufige Endergebnis eines von Generationen gepflegten Inzests preisgab, dann tuschelten die Adelsdamen hinter vorgehaltenen Fächern: »Das muss die kleine Raffgundis-Sophie sein, wie schrecklich! Sogar der Glöckner soll sie abgelehnt haben. – Nun ja, man sagt, sie spiele ganz passabel Mah Jongg.«

Mah Jongg, das ist mein Spiel! Natürlich nicht die althergebrachte Variante, die ein Minimum an strategischem Denken oder wenigstens an Wachsamkeit verlangt. Nein, ich spiele die Computerversion von Mah Jongg, schon, um meine haptische Entwicklung zu schonen.

Bei diesem Spiel geht es darum, Steine hochzuheben, natürlich per Mausklick. Klingt zunächst läppisch, aber in bis zu achtzehn Schwierigkeitsgraden kann man, als versierter Spieler, bis zu tausend Steinchen heben, an nur einem Nachmittag. Zusätzlicher Nervenkitzel entsteht dadurch, dass man sich verheben kann. Ein falscher Klick, und zack muss man von vorne anfangen, bei Level 1.

Wer allerdings die richtigen Steinchen klickt, wird reich belohnt. Sie blinken auf wie Sternschnuppen und verschwinden für immer. Und damit nicht genug. Ist der erste Steinhaufen verschwunden, geht es in rasanter Fahrt direkt weiter: Ein neuer, noch höherer Steinhaufen, der abgetragen werden will, erscheint. Für je zwei Steinchen, die der Spieler wegklickt, erhält er zwei Punkte. Die könnte er zum Beispiel in der wirklichen Welt an prominenter Stelle in seinem Lebenslauf erwähnen, um auf diese Weise den Gefahren eines bezahlten Arbeitsverhältnisses zu entkommen.

Im Klartext: Ich bin die Klebstoffschnüfflerin unter den Spielsüchtigen. Und ich will da raus.

Bei der Bekämpfung einer Sucht ist es immer wichtig, als Allererstes zu erkennen, dass die jeweilige Suchtsubstanz stets nur ein Ersatzstoff ist für das, was man eigentlich will.

Der Kokser will nichts anderes, als die Welt beherrschen. Die Menschen, die sich von Ecstasy-Pillen ernähren, wollen bloß tanzen dürfen, ohne dabei ausgelacht zu werden, und Sexsucht befällt die, die eigentlich nur Sport treiben wollen, aber zu faul sind, dafür extra aufzustehen.

Aber was versuche *ich* zu kompensieren, indem ich am Computer Steinchen umdrehe?

Ist es mein tiefster, heimlichster Herzenswunsch, eine ziemlich oberflächliche Archäologin zu sein? War ich vielleicht in einem früheren Leben ein Flamingo, der seine Nahrung nur durch das Umdrehen von Steinchen finden konnte? Die Wurzeln liegen wahrscheinlich tiefer. Ein Kindheitstrauma ist nicht auszuschließen. Wenn ich mich selbst hypnotisiere, höre ich die Stimme meiner Mutter. Sie ruft: »Katinka, der Ersatzschlüssel liegt unter dem Stein im Garten!«

Aber sie hat nie gesagt, welchen Stein sie meinte, und wenn ich nach Hause kam, war es bereits viel zu dunkel, alle Steine zu orten und dann auch noch umzudrehen.

An dieser Stelle verblassen die Bilder meiner Erinnerung, ich höre nur noch ein Geräusch, ein Klingeln, und die verschlafene Stimme meines Vaters.

»Mein Gott, wann lernst du's endlich?«

Klingt alles sehr plausibel. Aber noch ist es zu früh, meine Eltern mit diesen Fortschritten meiner Therapie zu konfrontieren, einfach bei ihnen anzurufen und zu sagen: »Ich habe diese Form des Daseins nur gewählt, damit ihr stolz auf mich seid. Ich bin dazu verdammt, alle Steine umzudrehen, bis ich den Schlüssel finde!«

Meine Eltern würden sich, wie alle Eltern, bloß schwere Selbstvorwürfe machen und mich ihrerseits mit einer Realität konfrontieren, für die wiederum ich noch nicht reif bin: »Katinka, der Schlüssel liegt im Blumenkasten. Immer schon.«

Wozu also neue Wunden aufreißen, wenn alte Narben noch nicht heilen konnten, weil es sie nie gab? Lieber noch eine Runde Mah Jongg spielen.

Während ich per Mausklick die Steine umdrehe (darunter ein paar sehr hübsche, mit Drachen darauf), beruhigt sich meine aufgewühlte Seele allmählich wieder. Ich bin ein eigenständiger Mensch. Und wieso sollte man für alles, was einem widerfährt, seine Eltern zur Verantwortung ziehen, wenn man einen Partner hat? Will ich vielleicht ihn umdrehen oder will ich, dass er verschwindet? Oder hoffe ich, Punkte machen zu können, wenn ich ihn hochhebe?

Das klingt so romantisch, wie es unwahrscheinlich ist. Es muss ja auch nicht immer gleich was Sexuelles sein, obwohl viele Verschwörungstheoretiker genau dies behaupten. Mein Lieblingskommentar zu den Ereignissen des 11. Septembers stammt übrigens von einem französischen Psychologen, der vor laufender Kamera zunächst behauptete, die Amerikaner seien selbst daran schuld, dass die Flugzeuge in die Türme stürzten.

»Tja, im Westen nichts Neues«, dachte ich noch, aber da holte der Franzmann zu einer Begründung aus, die sich gewaschen hatte. Die Türme seien eben zu hoch gewesen, als dass sie als offensichtliches Phallussymbol von anderen Männern hätten geduldet werden können.

»Okay«, ließ ich mich auf dieses Gedankenspiel ein, »darauf kann man sich zu Not noch einigen: Alle Kerle sind destruktiv.«

Und wie zum Beweis zerstörte er seine aufgestellte These sofort wieder selbst und behauptete das Gegenteil: Genau genommen seien die Amerikaner doch nicht schuld an dem Attentat, sondern eher deren Mütter. Denn Männer bauen hohe Türme, weil sie nur so verarbeiten können, dass sie nie Sex mit ihrer Mutter hatten.

Damit hielt er seine Ausführungen für beendet, ich aber fragte mich, was dieser umständliche Abbau eines Ödipuskomplexes im Umkehrschluss bedeuten sollte? Was ist mit den freundlichen Niederländern, die glücklich und in Frieden in ihren niedrigen Bungalows und Wohnwagen hausen? Sind die nur deswegen so frei von Aggressionen, weil sie schon alle mit ihrer Mutter …?

Um mich von diesem Gedanken abzulenken, spielte ich ein paar Partien Mah Jongg. Als alle Steinchen verschwunden waren, war auch Ground Zero wieder einigermaßen aufgeräumt.

# Junge Dinger

Die wissenschaftliche Bezeichnung für eine meiner größten Ängste klingt nicht nur so, als hätte sich Pippi Langstrumpf das Wort ausgedacht, sondern ist auch ein garantierter Gewinner bei der Logopäden-Olympiade: *Ephebiphobie* bezeichnet die Angst vor Teenagern. Und auch wenn dieses Wort nahezu unaussprechlich ist, bin ich doch beruhigt, dass es existiert. Denn das bedeutet, dass ich nicht die Einzige bin, die sich vor Jugendlichen fürchtet, obwohl es eine vollkommen unlogische Angst ist. Wäre ja so, als hätten Frösche Angst vor Quappen. Andererseits: Das sieht man in der Natur auch selten, dass eine Kröte sich mit ihrem Nachwuchs beschäftigt. Die gehen lieber das Risiko ein, sich auf der Landstraße überfahren zu lassen, als weiterhin am gleichen Tümpel wie ihre Brut abzuhängen. Das stimmt nachdenklich.

Therapieerfahren wie ich bin, weiß ich, dass man sich seinen Ängsten stellen soll, jedoch nicht unvorbereitet. Bevor ich jetzt also einfach tagsüber das Haus verlasse und Gefahr laufe, an der benachbarten Schule einer Horde Menschenquappen ins Netz zu geraten, muss ich die Situation in Gedanken durchspielen und mir ganz ehrlich die beliebte Supergau-Frage beantworten, nämlich: »Was ist das Schlimmste, was ein Teenager mir antun könnte?«

Die Antwort ist ebenso knapp wie erschütternd: Sie könnten da sein. Ihre bloße Existenz macht mich wimmern, denn auch wenn Teenager scheinbar gerade gar nichts tun, sind sie doch stets beschäftigt. Mit Strotzen. Den lieben langen Tag lang, von kurz nach ihrem zwölften bis zum fünfzehnten Lebensjahr, stehen, sitzen oder gehen Teenager umher und schütten dabei Hormone, Unsicherheit oder Grausamkeit aus. Schlimm genug sind schon jene, die einfach die paar Jahre in dunklen Straßenecken abwarten, bis die Mitesser nicht mehr sprießen, das Haar nicht minütlich nachfettet und die sekundären Geschlechtsmerkmale sich auf ein Level eingependelt haben. Doch mit denen komme ich klar, solange sie sich nicht bewegen oder in Gruppen auftreten.

Anders ist es mit denen, die sich gegen die stillschweigend hinzunehmende Metamorphose wehren. Zu schnell gewachsene Schlauberger, die meinen, es wäre schon in diesem Stadium wichtig, dass ihre Umwelt weiß, ob sie Junge oder Mädchen sind.

Die heranwachsenden Weibchen haben es meist darauf abgesehen, mich visuell fertig zu machen. Es ist ja nicht so, als wäre unser Volk für eleganten Kleidungsstil oder Geschmackssicherheit auf irgendeinem Gebiet bekannt, aber junge Mädchen treiben es mit ihrer textilen Rebellion eindeutig zu weit. Ich spreche hier nicht von individuellem Geschmack oder zu ertragender Mode.

Ich rede von den zwei Grundprinzipien, mit denen Fünfzehnjährige versuchen, mir das Augenlicht zu rauben. Sie nutzen die Urkraft der Elemente, entscheiden sich in ihrer Ausdrucksform aber nur für Wasser oder Luft, da es ihnen an Erdung und Feuer fehlt.

Der Aqua-Look resultiert aus einer einfachen pubertären Feststellung: »Wenn ich schon nicht frei von Bauch bin, trage ich eben bauchfrei. Gerade im Winter.« Um noch mehr einer an Land gespülten, aufgedunsenen Forelle zu gleichen, lassen sich diese Mädels ein angelhakengleiches Lippen-Piercing pro Pickel machen und öffnen bei jeder Gelegenheit ihre dummen Mäuler, um Luftblasen auszustoßen. Komplettiert wird der maritime Möchtegern-Look durch quer gestreifte T-Shirts und Fischnetzstrumpfhosen über Quallenschenkeln.

Vor Luft-Mädchen habe ich aber fast noch mehr Angst. Sie sehen aus, wie gerade aus dem Nest gefallen und gelangen daher wohl auch zu dem Trugschluss, sie seien Elstern. Sie essen pro Tag drei Körner und stecken sich alles an, was glitzert, um so von ihrem durch Mangelernährung porösen Haar abzulenken. Während es zu meiner Zeit noch ehrliche, testosteronisierte Magersüchtige gab, die den unvermeidlichen Wangenflaum sprießen ließen und igelnasengroße Tittchen als Erkennungszeichen für Krankheit wie Orden vor sich hertrugen, sind die heutigen Mädchen damit beschäftigt, auch unter 35 Kilo Lebendgewicht als erotisch wahrgenommen werden zu wollen. Durch das, was sie an Lebensmitteln einsparen, leisten sie sich im Alter von achtzehn eine Brustvergrößerung und schwänzen die Schule nur, um an Haarentwachsungsstationen noch zwei Pfund überflüssiges Gewicht in einer halben Stunde abzunehmen. Dann bekommen sie bei ihrem ersten Bewerbungsgespräch einen Nervenzusammenbruch, weil spontanes ungestütztes Übergeben nicht als Soft-Skill gilt.

Daraufhin bleibt ihnen beruflich nichts weiter übrig, als Topmodel zu werden. Eine schreckliche Entwicklung, und ich muss dabei immer zuschauen.

Natürlich sind auch die Jungs keinen Deut besser. Da wo ich wohne, werden sie mühsam durch Haar-Gel zusammengehalten. Dieses wird offenbar vom Körper abgebaut, indem es durch die Nase wieder ausgeschieden wird. Mächtige Schleimspuren ziehen die kleinen Macker hinter sich her, wenn sie in dösiger Lahmarschigkeit auf den Kölner Boulevards flanieren, immer schön in der Bürgersteigmitte. Falls ein Exemplar von ihnen von Natur (oder Fitnessstudio) aus nicht breit genug sein sollte, um den gesamten Fußgängerweg zu blockieren, hebt die männliche Menschenquappe seine Schwingen zu beiden Seiten an, um Größe zu imitieren. Vielleicht ist dem einen oder anderen diese Drohhaltung als »Brennnessel-Deo« bekannt. Die Oberarme bloß nicht an den Körper kommen lassen, sonst pickst es wieder. Groß ist die Versuchung, einfach mal auf einen solch dahinkriechenden Jungen draufzutreten, aber als vernunftbegabter Mensch weiß man ja, dass der Schleim nie wieder von den Schuhen abgeht. Die Geschäftsleute in der Gegend haben sich der Problematik wie echte Gärtner gestellt und wissen: Schnecken tötet man mit Bier. Die Komasaufpartys laufen also hervorragend, aber alle werden sie auf diese Weise nie erledigen, manche müssen sie am Leben lassen, damit sie sich vermehren und das ökologische Gleichgewicht erhalten können.

Ich kann also nicht davon ausgehen, dass sich das Teenagerproblem von alleine löst. Sie werden immer da sein, und sie haben mich auf dem Kieker. Während andere erwachsene Menschen meist unbehelligt an ihren Zusammenrottungen vorbeigehen können (es sei denn, diese Erwachsenen sind sehr dick, sehr dünn, haben komische Ohren oder eine Frisur), ziehe ich ihre Blicke auf mich. Sie wittern mich geradezu, und dann schlagen sie Alarm.

Das typische Szenario solcher unbeabsichtigten Treffen sieht so aus:

Ich gehe aus Versehen am helllichten Vormittag an der Schule vorbei zum Supermarkt. Irgendein irrer Lehrer hat die Schnecken nicht richtig beaufsichtigt, denn obwohl sie in der großen Pause auf dem Schulhof eingesperrt werden sollten, lungern vier von ihnen vor dem Sicherheitsgitter auf dem Bürgersteig herum. Ein Fischmädchen quaddelt von der anderen Seite durch das Gitter und isst überraschenderweise irgendeine Schokomahlzeit, zwei Vogelmädchen versuchen, von ihr abgewandt, die Kalorien nicht einzuatmen. Sobald ich die gefährliche Situation erkenne, ist es schon zu spät. Wenn ich jetzt die Straßenseite wechselte, würde ich alles nur noch schlimmer machen. Nun heißt es, schnell vorbei, aber nicht zu schnell, erhobenen Hauptes, aber dabei nicht größer wirken als die dicken Schneckenboys. Das Vertrackte an den Biestern ist ja, dass sie auf fast alles anspringen, je nach Lust und Laune. Und es ist nicht wie bei Bären, wo man weiß: Beim Grizzly hilft klettern, beim Schwarzbär Pfefferspray und beim Eisbär beten.

Bei Teenagern im Rudel gelten keine festen Regeln, außer vielleicht die, dass man sie nicht füttern soll. Es ist auch keine gute Idee, rotgefärbte Haare und ein Band-T-Shirt mit dem Schriftzug »Bierkadaver« zu tragen, erschütternd kombiniert mit kurzem Rock und schlechtrasierten Beinen. Das können die nicht wechseln. Schnecke 1 tritt also Schnecke 2 auf den Fuß, um sie von meiner Ankunft in Kenntnis zu setzen. Schnecke 2 glotzt mich an, röchelt, Fischmädchen fühlt sich als Spottopfer übergangen und grölt:

»Ey, was is'n? Was glotzt'n ihr so, ey?«

Woraufhin alle Schneckenkerle prusten, mit dem Finger auf mich zeigen und sagen: »Ey, guck mal, die is voll … die hat voll die …«

Bevor sie dann endlich sagen können, was an mir so außergewöhnlich ist, mischen sich die Vogelmädchen ein: »Ja, was denn? Findeste die scharf, oder was?«

Und dann lachen alle, so unglaublich schäbig, gerade in dem Moment, in dem ich direkt an ihnen vorbeigehe. Und wenn ich denke, demütigender kann es jetzt nicht werden, ruft mir eine Schnecke hinterher: »Ey, Sie, haben Sie mal eine Zigarette für mich, bitte?«

Dann grinse ich schief, verschanze mich für sechs Stunden im Supermarkt und gehe erst wieder zurück, wenn ich weiß, dass auch die Nachmittagskurse an der Höllenschule endlich vorbei sind.

Natürlich ist das krank. Aber es ist auch kränkend.

Besonders das Siezen. Natürlich würde jeder, der nicht in meiner Haut steckt, versuchen, mich zu beruhigen, indem er sagt: »Die haben doch bestimmt mehr Angst vor dir als du vor ihnen.« Kann schon sein. Allerdings bin ich nicht in der Lage, daraufhin tapfer zu nicken und die üblichen Gegenfragen zu stellen, wie: »Kannst du die trotzdem wegmachen? Am besten mit dem Staubsauger? Und dann den vollen Staubsaugerbeutel bitte zubinden und in den Sondermüll bringen, am besten direkt zur Deponie? Könntest du auch Fotos davon machen, wie der Müll verbrannt wird?«

Nein, Teenager sind eben keine Spinnen, Hysterie ihnen gegenüber wird nicht als niedlich empfunden. Hilft also nur psychologische Kriegsführung, die auf ihre Schwachpunkte abzielt. Wenn die Teeniequappen also noch mehr Angst vor mir haben als ich vor ihnen, gilt es herauszufinden, was genau sie an mir fürchten? Wahrscheinlich, dass sie mich nicht einordnen können. Ich bin keine echte Erwachsene für sie, jedenfalls passe ich in keines ihrer gelernten Schemata. Hätte ich einen richtigen Beruf, würde ich nicht mittags um zwölf an ihnen vorbeigehen, und wäre ich arbeitslos, wäre ich in dieser Gegend um diese Uhrzeit schon betrunken.

Allmählich allerdings verstehe ich, wie ungeheuer bedrohlich ich auf sie wirken muss. Für die kleinen Quappen bin ich kein Frosch, sondern ein Grottenolm. Irgendwie unentschlossen, zu feige, festen Grund zu betreten, zu faul für eine anständige Krötenwanderung, zu blöd, selber abzulaichen. Ich hause nahe bei ihnen, in einem sumpfigen Loch, kann zwar an Land gehen, muss aber nicht, meistens verstecke ich mich. Bin kein Vogel, kein Fisch, keine Schnecke, kein Frosch, nicht niedlich, keines Menschen Lieblingstier, aber der heimliche Herrscher des Tümpels, zufrieden mit dem Amphibienstatus in Wassernähe. Vielleicht fresse ich auch Kaulquappen.

Wow, das ist es! Eingedenk dieses Mantras sollte ich fähig sein, neben den Teenagern zu existieren. Es sollte mir möglich sein, geschwind, aber auch smooth an ihnen vorbeizugleiten, und wenn mich das nächste Mal ein Vogelmädchen oder ein Schneckenjunges fragt: »Hamse vielleicht eine Kippe für mich?«, dann drehe ich mich um, schlängle mich ganz langsam zu dem Wesen hin, stelle mich auf meine Sprungbeine und fixiere es mit kalten Augen: »Höre nun, liebes Ding, was ich, deine Gebieterin, dir zu sagen habe: Ich könnte dich jederzeit mit einem Happs verschlingen. Meiner Gnade verdankst du, dass ich dich an diesem Tümpel dulde. Nun küsse meinen Ring und schweige für immer!«

Ich denke, das würde die Fronten klären. Bestimmt. Die wollen keine Kippen von Verrückten. Die denken, das sei ansteckend.

# McFat

Ich gehe zu McFat. Viele werden sich jetzt fragen: Darf man das noch, nachdem der Gründer dieser Kette von Fitness-Studios als Hauptsponsor der Loveparade aufgetreten ist, sich dann jedoch wie alle anderen aus der Verantwortung für die Tragödie zu stehlen versuchte? Ich sage ja, denn mein Vertrag läuft erst im nächsten Jahr aus. Da ist es doch wesentlich eindrucksvoller, den Angestellten meine fristgerechte Kündigung mit stählerner Faust auf die Theke zu hauen, als zu Hause zu bleiben, wo mein stiller Protest darin bestünde, dass meine Körperform sich langsam, aber sicher dem meines Sitzsackes angleichen würde. Dann doch lieber Präsenz zeigen, aktiven Widerstand leisten und die Kalorien vor den Augen der Unterdrücker verbrennen, das schindet Eindruck.

Es geht schleppend voran, Rückschläge sind an der Tagesordnung, aber ich habe einen Traum: Ich weiß, dass sich unter dem weichen, weißen Sandstrand, der sich in meiner Bauchregion aufgetürmt hat, doch noch hartes, unnachgiebiges Kopfsteinpflaster befindet. Es will freigelegt werden, bestimmt.

Ich beginne mein Programm bei McFat stets mit einer Schweigeminute. Das kann ich gut, neulich habe ich achtundsiebzig Sekunden geschafft, komplett mit Kniefall, vor dem Getränkeautomaten. Die Trainerin, die mir wieder hochhelfen musste, bemerkte, dass ich es nicht übertreiben sollte. Grundsätzlich seien Dehnübungen in Ordnung, aber ich müsse nicht jedes Mal einen Kranz niederlegen. Vor allem nicht immer denselben, der röche schon komisch. Ich nickte ergriffen, wenn auch eher röchelnd als stumm. Obwohl die Angestellten hier wöchentlich wechseln, achten sie sehr genau darauf, dass man sich nicht über seine Grenzen hinaus auspowert.

Überhaupt kann man sagen, dass wir bei McFat alle eine große Familie sind, die sich vor langer Zeit übel verkracht hat. Sämtliche Mitglieder starren verbissen auf sechzehn verschiedene Fernseher, auf denen überall dasselbe Programm läuft, der McFat-Kanal. Der bietet Spannung, Spaß und Wissen, zusammengefasst in endlosen Wiederholungen alter »Tom und Jerry«-Folgen. Wenn ich mich warmlaufe, nutze ich diese Szenerie und versetze mich mental in eine andere Welt. Oft stelle ich mir vor, dass riesige Goldhamster die Weltherrschaft übernommen haben und uns Menschen für unsere Sünden in der Vergangenheit büßen lassen. Sie sind unerbittliche Diktatoren. Wenn ein Mensch tot vom Laufband fällt, tauschen sie ihn einfach aus. Das merken deren Kinder gar nicht, für die Goldhamster sehen wir alle gleich aus.

Nach zehn Minuten bin ich nicht warm-, sondern heißgelaufen. Auf der Ebene des Konditionssportes kann man mich getrost mit »Wonderwoman« vergleichen: Mein Körper ist einfach schneller als die der anderen, aber ich lasse das nicht so raushängen, höchstens mal die Zunge. Kaum bin ich vom Laufband runter, beginnt die eigentliche Anstrengung.

Am besten geht man es spielerisch an, wie bei einem Kindergeburtstag. Persönlich habe ich ein Kombinationstraining aus Stoppessen und Verstecken entwickelt, das Spaß bringt und alle Beteiligten auf Trab hält. Kaum sitze/liege/hänge ich auf einer der Maschinen, die einen bestimmten Muskel gezielt aufbauen sollen, eilt einer der Trainer in meine Richtung. Sie wollen mir zum hundertsten Mal den richtigen Gebrauch des Gerätes erläutern, das sie verharmlosend »Butterfly« nennen. Ich nenne es Guillotine und nutze es entsprechend.

Hat ein Trainer meinen Standort erreicht, verstecke ich mich meist geschickt, indem ich ein Handtuch über meinen Kopf werfe. Doch sie erkennen mich neuerdings an meiner definierten Nackenmuskulatur, also husche ich in letzter Zeit lieber in eine dunkle Ecke, um ihnen zu entkommen. Für einen rechteckigen Raum verfügt die McFat-Halle über außerordentlich viele vergessene Winkel und Höhlen, die noch nie ein Mensch mit Putzlappen betreten hat. In der verträumtesten Grotte steht nur ein einziges Gerät, und das ist für 'n Arsch, wie wir hier sagen. Es trainiert den Gluteus Maximus. Wenn man es beherzt angeht, kann man irgendwann mit seinem Allerwertesten Walnüsse knacken.

Erfolge stellen sich äußerst langsam ein: Bisher konnte ich nur beobachten, dass mein Traumstrand am Bauch zur Wanderdüne mutiert ist, sich also ins Hinterland verpisst hat. Walnüsse kann ich noch nicht knacken, aber neulich saß ich eine halbe Stunde auf einer brennenden Zigarette, ohne es zu merken. Es fällt mir schwer, diesen Nebeneffekt als erfreulich zu verbuchen. Doch von der Idee her ist McFat ein toller Laden, mit einem Konzept, das voll aufgeht. In der Innenstadt hat sogar eine Filiale direkt neben dem McDonalds eröffnet, welch genialer Schachzug. Ein Perpetuum mobile für die Unterschicht, und ich – ich bin ein Teil von ihm.

In meine Filiale geht man am besten am frühen Morgen, gesetzt den Fall, man ist eine Frau. Ich sage das nur, weil die Grenzen hier manchmal fließend sind. Jedenfalls kann man sich morgens gute Laune anwiegen. Da stellen die Trainer die Waage um fünf Kilo zurück, eine notwendige Maßnahme, die sie sich anhand einer Leistungskurve ihrer Mitglieder ausgerechnet haben, denn morgens kommen, um abzunehmen, die Hausfrauen hierher, abends die türkischen Jungs, die Muskeln zulegen wollen. Da stellen sie die Waage um fünf Kilo vor. So ist man mittags von fetten Weibern und dürren Bürschlein umringt, die alle unzufrieden mit dem Kopf schütteln. Das verbrennt allerdings nur sieben Kalorien in der Minute, ich habe das mal ausgerechnet.

Wenn ich mich zum Abschluss meiner Bemühungen auf den Cross-Stepper stelle, frage ich mich oft, was ich hier mache. Und auch dort hilft mir meine McFat-Familie. Sie alle telefonieren, während sie sich abstrampeln, wild auf ihren Handys.

»Isch bin beim Training, Alter!«, ruft der Junge neben mir in sein Mobiltelefon.

Nein, das kann ich nicht behaupten. Ein »Training« hat, zumindest im klassischen Sinne, ein Ziel. Mir fällt nicht ein, für was ich hier trainieren könnte. Vielleicht für »Ups, die Pannenshow«.

»Menno, ich bin beim Sport«, hilft mir ein pummeliges Mädchen zur Rechten weiter, aber auch diese Bezeichnung halte ich für übertrieben. Sport verbinde ich mit einer gewissen Eleganz und einer ausgefeilten Technik, mit Grazie und Teamgeist in zu kurzen Hosen. Alles das trifft nicht auf mich zu. Ich schwitze nur sehr, wovon achtzig Prozent allerdings Angstschweiß sind. Immer wieder fürchte ich, jemand könnte auf die Digitalanzeige meines Crosstrainers lugen und feststellen, dass ich nach vier Jahren immer noch auf der niedrigsten Stufe rumhample. Im Englischen ist das einfacher: »I'm working out«, sagt man da, und es stimmt meistens. Denn Spaß ist das nicht hier. Aber der Deutsche an sich drückt sich um Arbeit herum, vielleicht aufgrund der Geschichte. Normalerweise wird jedes noch so haarsträubende Wort aus dem Englischen übernommen oder auf ungelenke Weise eingedeutscht. Kürzlich fragte mich ein Mann vom Fernsehen, ob ich gut *plotten* könne, und ich entgegnete, dass ich weder eigene Schläger hätte noch über die nötige Platzreife verfüge. Erstaunt erfuhr ich, dass *Plotten* die Fähigkeit beschreiben soll, sich für ein Drehbuch einen guten *Plot*, also Handlungskern, auszudenken. Ich erwiderte, dass ich grundsätzlich eher kernlosen Unfug schriebe, das käme beim Publikum besser an. Er nickte zustimmend. Aber nie habe ich jemanden fragen hören: »Bist du noch am Outworken?«, nicht mal bei McFat. Selbst die Bezeichnung After-Work-Party verschwindet mangels Klientel allmählich, und wenn man jemanden totschießt, heißt es auch nur, dass unsere Jungs in Afghanistan einen guten Job machen. Es ist einfach vertrackt, mit dem Englischen und der Arbeit. Seit Jahren versuche ich beispielsweise, meinem sudanesischen Patenkind zu schreiben. Bisher brachte ich lediglich die folgenden Zeilen zustande:

»Dear Ismael, just like you, I have now access to fresh water.«

Leider hören unsere Gemeinsamkeiten dort auf. Als ich weiterschrieb: »According to your photograph, you have an amazing resemblence with the American Gangster-Rapper *Fifty Cent*. Are you related to him?«, legte man mir nahe, doch lieber mehr über mich zu schreiben. Über meine Hobbys zum Beispiel. Ich meine, wie verarscht soll sich denn bitte der kleine Ismael im südlichen Sudan fühlen, wenn eine wirre Hexe vom anderen Ende der Welt ihm schreibt: »In my free time I like to work out. Not in the goldmines, I might add.«

Erst zehn Minuten auf dem Stepper verbracht, und ich muss mindestens noch zwanzig Minuten lang weitertrampeln, sonst setzt die Fettverbrennung nicht ein. Wie soll ich das ohne Entertainment schaffen? Doch da sendet eine göttliche Fügung *Muffins*, sogar meine Lieblingsmuffins, und sie beide besteigen die Stepper vor mir. Ich kenne sie nicht namentlich, also habe ich sie Muffins getauft, weil ihr Hüftspeck so schön über ihre Hosen schwappt. Außerdem vermute ich, dass durch das ewige Nachbacken im Solarium ihre Fontanellen immer wieder aufplatzen, so sieht es jedenfalls aus. Die beiden sind unschlagbar, was die Unterhaltung hier angeht, also bemühe ich mich, leiser zu hecheln, damit mir ja kein Wort entgeht.

Muffin 1 sagt also zu Muffin 2: »Ich kann Madonna da schon teilweise verstehen!«

Was für eine Eröffnung, denke ich bewundernd. Kaum auf den Bock gestiegen, und schon brüstet sich das Mädchen mit seinem partiellen Verständnis für alternde Popdiven. Das könnte spannend werden, glaube ich, und die Muffins versorgen mich mit Hintergrundwissen. Offensichtlich ist die (O-Ton) »arme Madonna« in ihrem Privatjet entführt worden, und zwar in ein Land, dessen Name wie eine Kosmetiklinie für Teenager klingt, nämlich Malawi. Kaum über der Wüste abgeworfen, wurde sie von den örtlichen Schleppern zu einer Kaffeefahrt genötigt, die in einem Waisenhaus endete. Die Queen of Pop tat, was jeder andere in dieser Situation getan hätte: Sie suchte sich eine Kleinigkeit aus, in der Hoffnung, ihre Geste würde die Einheimischen versöhnlich stimmen. Sie entschied sich für den kleinen David, nahm ihn ohne Geschenkverpackung mit, einfach so auf die Hand, da ist sie unkompliziert. Aber dann ging's wohl los, so unterrichtet mich Muffin 2. Der Erzeuger selbst startete eine Rückrufaktion für das Produkt, aber Madonna hatte das kleine Kerlchen schon ins Herz geschlossen, denn Schwarz passt ja bekanntlich zu allem.

»Ich meine, die können ja auch mal dranschreiben, ob das nun Waisen oder Halbwaisen sind«, ereifert sich Muffin 2, aber Muffin 1 schüttelt den Kopf: »Nee, die haben ja nicht mal Kugelschreiber da. Das ist ganz ärmlich da, in Afrika, ich war mal da unten.«

Muffin 2 und ich setzen erstaunt mit unseren Leibesübungen aus. »Echt?«, fragen wir beide verblüfft.

»Kennst du Ismael Mohammed Ismael, er sieht aus wie *Fifty Cent*?«, will ich noch fragen, aber die Muffins werfen mir böse Blicke zu.

»Ey, was mischt du dich denn da ein?«, fragen sie zänkisch, und ich bestehe plötzlich aus hundert Prozent Angstschweiß. Ich habe die Regeln gebrochen: Keine Unterhaltung zwischen den Häftlingen aus verschiedenen Blöcken, nicht bei McFat.

Ich klaube mein Handtuch und meine Wasserflasche zusammen und sehe zu, dass ich Land gewinne. Im Wegrennen höre ich noch, wie Muffin 1 zu ihrer Trainingspartnerin sagt:

»Ja, letzten Sommer war ich in Afrika. Zwei Wochen Tauchurlaub in Ägypten, war voll krass, ey.«

Deswegen geh ich zu McFat. Man fühlt sich einfach besser danach.

# Schwesterherz

Wir haben heute wieder Probe. Telefonisch. Seit über zehn Jahren sprechen meine Schwester und ich uns jeweils gegenseitig vor, was wir am Sonntagabend unserer Mutter, ebenfalls am Telefon, mitteilen wollen.

Normalerweise bestehen die Verbesserungsvorschläge der jeweils anderen eher aus Kürzungen denn aus Ausschmückungen des Wochenrapports, zum Beispiel so:

»Das mit der hohen Tierarztrechnung würde ich weglassen.«

Oder auch:

»Sag doch lieber Migräne als zwei Tage durchgesoffen.«

Als ich meiner Schwester empfehle, besser gar nicht zu erwähnen, dass sie stundenlang im Internet nach einem neuen Glitzer-Cowboyhut für das Pfingstturnier der Wimmelbündener Westernpferdfreunde e. V. gesucht hat, sagt sie: »Du hast recht, besser keine Hunde wecken.«

Ich verbessere sie: »Liebes, ich glaube, es heißt, man soll keine *schlafenden* Hunde wecken.«

Ich spüre, wie meine Schwester am anderen Ende der Leitung das Gesicht verzieht. Sie dehnt es immer gründlich, bevor sie mit ihrem Modern Dance für Mundwinkel, Nasenflügel und Augenhöhlen beginnt. Sie hat die Bewegungen selbst entwickelt und perfektioniert, eine schnelle Abfolge von Irritation, Beleidigung und Rechthaberei, die sich zusätzlich in einem kurzen Schnauben entlädt: »Pah, ich denke, es ist doch klar, dass die Hunde vorher schlafen müssen, bevor man sie wecken kann. Das muss man nicht noch extra erwähnen.«

Ich denke darüber nach und weiß, dass meine Schwester weiß, wie ich dabei aussehe. Ärger, Verblüffung und rückwärts von zehn bis null zählen wird bei mir nur durch ein einziges Stirnrunzeln begleitet. Während meine Schwester die Pina Bausch der Mimik ist, bin ich nie über das Mutter-Kind-Turnen hinausgekommen.

»Lass das, das macht Falten«, sagt meine Schwester, aber nur, um mich vom Grübeln abzuhalten.

Sie schafft es nicht, denn ich entgegne blitzschnell: »Schätzchen, du würdest also auch sagen: Lügen haben … Beine?«

»Weiß nicht. Hab mich sowieso immer gefragt, was das mit den kurzen Beinen überhaupt bedeuten soll?«

Ich nicht. Denn ich weiß es. Weil ich nicht nur viel rauche, sondern auch die Innenseiten der Cañuma-Zigarettenpapierpackungen lese, wo nicht nur Warnungen der europäischen Gesundheitsminister stehen, sondern auch Sprichworte erklärt werden. Also kläre ich mein Schwesterherz auf:

»Oh, das soll wohl meinen, dass man mit kurzen Beinen nicht weit kommt, beziehungsweise schnell eingeholt wird, also, dass die Wahrheit eh rauskommt.«

»Aha.«

Kein anderes menschliches Wesen ist so derart begabt wie meine Schwester, wenn es darum geht, »Aha« zu sagen. Sie kann in diese kurze Buchstabenfolge eine Betonung hineinlegen, dass ich oft versucht bin, meine Schwester heimlich bei der NATO zu bewerben. In der richtigen Stimmung und auf der richtigen Seite könnte sie das Weltgeschehen vielleicht nicht immer verbessern, zumindest aber verkürzen.

Hätte meine Schwester damals im US-amerikanischen Senat gesessen, als Präsident Bush sagte: »Wir sind sicher, dass wir auf irakischem Boden Biowaffen finden werden«, hätte ein von ihr gerufenes »Aha« genügt und Georgie-Boy wäre auf der Stelle eingeknickt. Wahrscheinlich wäre er beim Anblick meiner Schwester sogar wimmernd zusammengebrochen, denn wenn sie »Aha« sagt, guckt sie dabei wie eine sehr herbe Mischung aus Miss Piggy und Condoleeza Rice.

Jetzt jedoch kehrt meine Schwester noch einmal zum Ausgangsthema zurück, sprich: zu den kurzen Beinen.

»Also, das ist doch Sportlehrer-Gewäsch«, entrüstet sie sich und ahmt täuschend echt unseren Erzfeind, Herrn Oberstudienrat Seldinger, nach: »Ach, Mädchen, mit den langen Beinen musst du doch die hundert Meter schneller laufen können. – Also, Katinka, mit den langen Haxen weiß ich nicht, warum du nicht bei der Basketball-AG bist ...«

»Schon gut, schon gut, ich weiß, was du meinst«, flehe ich um Gnade.

Erinnerungen steigen in mir hoch, wie ich durch die Turnhalle gestolpert bin, stundenlang, bis mir von irgendeinem Spielverderber ein Ball zugespielt wurde, der mich stets zu Boden riss. Ich bin überzeugt davon, dass lange Beine in Koordinationssportarten wie Basketball, Hürdenlauf oder Spazierengehen eher unpraktisch sind. Es sind einfach längere Wege, die die Befehle aus dem Gehirn benötigen, bis sie in den weit entfernten Füßen angekommen sind, so schaut's aus.

»Okay«, lenke ich das Gespräch wieder auf zu korrigierende Redensarten, »dann sollte man besser sagen: ›Lügen stolpern schnell, landen dabei unglücklich neben dem Trampolin, und alle lachen, vor allem die Sportlehrer.‹

Meine Schwester ist empört: »Willst du damit sagen, dass ich lüge?«

»Nein, bestimmt nicht, war nur so eine Idee.«

Meine Schwester ereifert sich weiter über sportliche Sprichworte:

»Diese saublöde Hase-und-Igel-Geschichte, was soll uns das denn lehren? Dass wir alle schummeln sollen? Oder uns klonen lassen? Oder dieses elende ›Die Nase vorn haben‹. Das will man ja wohl hoffen, dass niemand die Nase hinten hat. Total bescheuert ist ja wohl auch: ›Man soll den Tag nicht vor dem Abend loben‹. Ja, geht's denn noch? Darf ich niemandem mehr einen guten Tag wünschen, oder was, oder wie?«

So habe ich die Dinge noch gar nicht betrachtet. Allerdings befürchte ich, dass niemand außer meiner Schwester die Dinge je so betrachtet. Trotzdem ist sie leider keine von den brauchbaren Autisten, mit denen man Geld machen kann. Wenn man eine Schachtel Streichhölzer vor ihr auf den Boden fallen lässt, schüttelt sie nicht wirr den Kopf und summt: »Zweiundvierzig! Zweiundvierzig noch in der Schachtel. Zweiundvierzig Hölzer«, sondern eher etwas wie: »Hast du immer noch nicht aufgehört zu rauchen?«

Jetzt allerdings redet sie sich in Rage, kein Dazwischenkommen möglich: »Und da widerspricht sich ja auch alles. ›Müßiggang ist aller Laster Anfang‹, aber dann wieder, ›Wer schläft, sündigt nicht!‹ Pah! Frühe Vögel fangen vielleicht Würmer, aber ich habe neulich diese Reportage über Eulen gesehen ...«

Ich lege den Hörer zur Seite und schalte auf Lautsprecher. Wenn meine Schwester über Tierfilme spricht, kommt sie davon nicht so schnell wieder los. Einmal hat sie mir die Handlung von »Ein Schweinchen namens Babe in der großen Stadt« nacherzählt. Da sie nicht der Typ ist, der Unterbrechungen duldet, legte ich den Hörer beiseite, um mich kurz meiner eigenen Realität zu widmen. Als ich wieder aus der Dusche zurückkam, waren die Viecher noch nicht mal in New York angekommen. Allerdings gab es am Schluss dieses Telefonates eine unangekündigte mündliche Prüfung, in der ich kläglich versagte, weil ich nicht wusste, wer den Hütehund synchronisiert hat. Ich wurde von meiner Schwester scharf gerügt und bekam die DVD zu Weihnachten geschenkt. Seitdem drücke ich die Lautsprechertaste, sobald meine

Schwester die magischen Worte »Neulich im Fernsehen …« ausspricht. Wenn sie eine Reportage über Eulen gesehen hat, wird dieser Aufhänger unweigerlich in einen Monolog über die letzte Folge von »Tiere suchen ein Zuhause« münden.

Ich kritzele etwas auf den Zettel, der für solche Fälle neben meinem Telefon liegt, und halte ihn so hoch, dass mein Freund von seinem Zimmer aus lesen kann: *Bring mir ein Bier!* Er nickt und tut wie geheißen.

Meine Schwester plärrt: »Na ja, also, jedenfalls wollte ich dann dreißig Euro an die Bullterrier-Hilfe Nottuln spenden, wollte aber erst einmal mit denen telefonieren, um sicherzugehen, dass das Geld auch wirklich für das Spezialfutter für die Welpen verwendet wird, denn diesen einen alten, hässlichen Hund mit den komischen Augen wollte ich nun nicht auch noch mit durchziehen …«

Ich schreibe einen weiteren Zettel an meinen Freund. *Hast du Lust, mit mir nach Paris zu fahren?* steht drauf. Er nickt begeistert und bucht einen Bustrip.

Als wir aus Paris zurückkehren, hat meine Schwester einen kleinen Schritt für die Menschheit, aber einen großen Schritt für sich selbst gewagt. Statt über Welpen redet sie über Menschen oder zumindest fast. Während ich die Skulptur des Eiffelturms auf den Fernseher drapiere, höre ich, wie sie über die von ihr entdeckte Meta-Ebene in einem Shakin'-Stevens-Video doziert.

Ein heikles Thema, da erwartet sie oft Diskussionsbeiträge von mir. Ich spurte an den Hörer und steige spontan ein: »Liebe Schwester, du glaubst also tatsächlich, dass Shakin' Stevens in dem Video von *You drive me Crazy* im selben Haus herumläuft, um das Paul Young in *Come back and stay* herumschleicht?«

Meine Schwester atmet aus, wahrscheinlich zum ersten Mal seit drei Tagen. »Nein«, haucht sie, »ich glaube es nicht, ich weiß es. Das Interessante ist aber doch, dass Shaky von oben nach unten durch das Haus geht, Paul aber von unten nach oben. Und was sagt uns das?«

Ich zucke mit den Schultern. Wer mit meiner Schwester aufgewachsen ist, lernt relativ jung, was rhetorische Fragen sind, nämlich ihre.

»Genau«, triumphiert meine Schwester, »während Shakin' Stevens darüber mosert, dass seine Alte ihn verrückt macht, geht es abwärts. Paul Young hingegen hat begriffen, dass es ohne seine große Liebe nicht geht, und befindet sich auf dem richtigen Weg, nach oben, ha!«

Was soll ich dazu sagen? Meine Schwester ist Lehrerin und lässt auch völlig skrupellos Abiturklausuren über den Song ›Paradise by the Dashboard Light‹ schreiben, mit Zusatzfragen wie: »Warum lieben wir alle Meat Loaf, obwohl er so fett ist?«

»So ist das also«, murmele ich und merke, dass ich langsam müde werde. Ich sehe nur eine Möglichkeit, unser Gespräch zu beenden: »Schwesterlein, um noch mal auf die andere Sache zurückzukommen: Was hältst du eigentlich von dem Sprichwort ›Blut ist dicker als Wasser‹?«

Meine Schwester zögert nicht lange: »Stimmt eindeutig, ist aber dementsprechend überflüssig. Sieht man ja schon beim Blutabnehmen.« Dann begreift sie. »Oh, also, ich meine, vielleicht sollten wir mal Schluss machen, ich habe auch noch was zu tun … und …«

»Du bist meine allerliebste Lieblingsschwester von allen, die ich habe«, zitiere ich unsere private Abschiedsformel.

»Du meine auch«, bekundet meine Schwester, dann legen wir auf.

Sekundenlang warte ich, mit dem Hörer in der Hand, dann kann ich nicht widerstehen. Ich will meinen Bruder anrufen, um ihn zu fragen, welche seiner beiden Schwestern er lieber hat. Natürlich ist die Leitung besetzt. »Wer zuerst kommt, mahlt zuerst«, denke ich – und schlafe erschöpft ein.

# Ein Düsseldorfer in Köln

Viele Menschen wollen helfen. Warum bloß immer mir? Leben sie in der ständigen Angst, ich könne mich zu den wirklich wichtigen Themen der Menschheit äußern, und schachern mir deswegen Auftragsarbeiten zu, die mich davon ablenken sollen? Und wenn es sich wirklich so verhält, warum erreichen sie jedes Mal ihr Ziel? Zum einen wohl, weil sie durchaus gute Vorarbeit leisten. Meine Auftraggeber denken sich nahezu fantastische Überschriften aus, zu denen nur noch der Text fehlt.

»Ich habe da eine wirklich lustige Idee«, versuchen sie mich für ihre Zwecke zu ködern, »du wirst sehen, die Leute lachen sich schon kringelig, wenn sie nur den Titel hören. Halt dich fest, er lautet: ›Ein Düsseldorfer in Köln!‹ Na, was meinst du dazu?«

Und ich antworte Folgendes:

»Ein Düsseldorfer in Köln muss fein achtgeben. Er muss sich daran gewöhnen, dass in dieser Stadt, rein rheintechnisch gesehen, die linke Seite die gute ist, nicht umgekehrt wie daheim. Sollte er bereits an dieser vergleichsweise einfachen Aufgabe scheitern, empfehle ich ihm dringend, niemals in Großbritannien mit dem Auto herumzufahren.

Sonst bleibt fast alles gleich. Wenn der Düsseldorfer in einer Kölner Kneipe ein Bier trinken möchte, muss er sich, genau wie zu Hause, ein Pils bestellen, sonst bekommt er, genau wie zu Hause, ein undefinierbares, schales Gesöff in homöopathischen 0,2er-Gläschen kredenzt, welches die Menschen dazu bringt, Fremde zu knutschen, zu schunkeln und Architektursünden in der Innenstadt zu begehen.

Wenn ein erwachsener Mensch beschließt, vier Tage hintereinander in einem Scheichs-, Clowns- oder Cowboykostüm zu verbringen, den Pegel dabei konstant auf 2,4 Promille zu halten, um dann, am fünften Tage, ungewaschen stundenlang andere erwachsene Menschen auf bunten Wägelchen anzubrüllen, auf dass sie ihm Süßkram hinwerfen mögen, ist die Frage, ob er diese Bitte mit dem Wort ›Alaaf‹ oder ›Helau‹ hervorgrölt, das geringste Problem, um das er sich meiner Meinung nach scheren sollte.«

Das war die Geschichte vom Düsseldorfer in Köln. Vielleicht konnte ich das Thema nicht in seiner ganzen Brisanz und seinen schier endlosen Facetten erfassen, aber ich lebe ja auch erst seit zehn Jahren im Rheinland, die ersten fünf Jahre davon in Düsseldorf, die letzten fünf in Köln. Das ist keine lange Zeit für einen Westfalen. Sie reicht gerade mal aus, um sich einen groben Überblick zu verschaffen, sich zu orientieren, zu versuchen, den Rheinländer an sich zu verstehen.

Das ist nicht immer leicht. Denn der Rheinländer an

sich redet sehr viel. Ständig. Pausenlos. Immer. Und zwar alle. Und wenn dann doch einmal alles gesagt ist, tut der Rheinländer das, wovor sich ein Westfale am allermeisten fürchtet: Der Rheinländer fängt an zu spreschen.

Wenn es ums »Spreschen« geht, tun sich Kölner und Düsseldorfer nichts – aber anderen. Vielleicht liegt es in meinem besonderen Fall daran, dass ich nicht nur Westfälin, sondern auch noch Lehrerkind bin. Zwar habe ich jeden Schüleraustausch nach Ungarn oder Israel mitgemacht, aber echten, spreschenden Rheinländern bin ich bis zu meinem zwanzigsten Lebensjahr einfach nicht begegnet. Die Stammesfehde zwischen Köln und Düsseldorf galt für mich aus dem Reich der Legenden entsprungen, in etwa so glaubhaft wie der ewige Spülstreit zwischen den verfeindeten Paella-Party-Dörfern Villariba und Villabajo aus der Fairy-Ultra-Werbung. Ich kann Düsseldorfer Platt oft nicht von Kölsch unterscheiden. Für mich klingt alles nach »Klött« beziehungsweise »Platsch« – alles eine Soße. Früher dachte ich sogar, die Band »BAP« würde auf Englisch singen, mit einem starken, niederländischen Akzent. Heute weiß ich, dass es sich genau umgekehrt verhält.

Um es kurz zu machen: Ein echtes westfälisches Lehrerkind ist in seinen Grundfesten erschüttert, wenn es zum ersten Mal einen echten Rheinländer-Großstadtjungen spreschen hört. Aber auch fasziniert. Und tief gerührt. Alles auf einmal. Der erste Satz, den ich von meinem ersten Düsseldorfer Freund hörte, verschlug mir deshalb auch die Sprache. Er lautete:

»Hallo, isch bin der Ulli, und teschnich jesehen bin isch der Jastjeber hiiiäär.«

Und ich sah rot: Ich sah den gesamten Satz vor meinem geistigen Auge, jedes einzelne Wort rot angestrichen.

Folgende Antwort auf diese freundliche Begrüßung formatierte sich daraufhin in meinem Gehirn:

»Guten Abend, mein Name ist Katinka. Ganz bewusst sage ich nicht ›die Katinka‹, weil ich mein Gegenüber im Allgemeinen für so intelligent einschätze, dass er anhand des Vornamens und der vor ihm stehenden Person erschließen kann, dass es sich bei mir um ein weibliches Wesen handeln muss. Dass Sie der ›Jastjeber‹ sind, sowohl im theoretischen als auch praktischen Sinne, nehme ich Ihnen durchaus ab, weil ich jedem Menschen seinen eigenen regionalen Spleen gönne. Oder ›jönnen tu‹, wie Sie das wahrscheinlich ausdrücken würden. Aber, mein lieber ›der Ulli‹, bei ›teschnich‹ hört es wirklich auf! Sie müssten sich da schon entscheiden. Wenn Sie den Kopf getätschelt haben möchten und eine lebenslange Orientierungsphase in der Vorschule für erstrebenswert halten, dann empfehle ich Ihnen, die Variante ›technich‹ zu wählen. Sollten sie allerdings den Wunsch hegen, nach Stuttgart auszuwandern, sagen Sie fortan bitte nur noch ›teschnisch‹. Aber ›teschnich‹ geht nun wirklich nicht. Es wirkt inkonsequent, gierig sogar, fast maßlos, geradezu arrogant und von so einer gewissen Leckt-misch-am-Arsch-Attitüde geprägt. – Ach, irgendwie ist das aber auch schon fast wieder Punk. Nimm mich, Kapitän!«

Gesagt habe ich wohl nur die letzten drei Worte, und so wurden Ulli und ich ein Paar. Als wir wieder nüchtern wurden, mochte ich ihn »teschnich« gesehen immer noch, allerdings gab es eine Eigenschaft an ihm, die mich schier wahnsinnig machte: Er dachte tatsächlich, dass seine Art des Spreschens normal sei. So normal, dass er sie auch in den schriftlichen Gebrauch übernehmen konnte. Das Maß war voll, als ich einmal zufällig sein Handy in die Finger bekam und mir seine Telefonliste näher anschaute. Faszinierend. Kein Eintrag unter dem Buchstaben A. Nicht einer unter B. Kein Name, der unter C gespeichert war. Allerdings ging es bei D dann richtig los. »Der Andi«, »Die Astrid«, »der Benno«. So ging das bis »die Yvonne«. Richtig fertig machte mich der einzige Eintrag unter T, nämlich »Tittensteffie«. Das müssen ja so dermaßen große Eumel gewesen sein, dass nicht einmal Ulli daran zweifelte, dass es sich bei der Dame um die Tittensteffie handelte.

Es kam zum Bruch mit Ulli. Wir waren erwachsen genug, um es kurz und schmerzlos zu beenden. Ich zog den Kürzeren und folglich in eine andere Stadt. Auf der linguistischen Ebene war es ein Umzug vom Regen in die Traufe. Denn mein erster kölscher Freund vereinigte sämtliche übrigen Marotten der rheinischen Sprachgewohnheiten in sich. Wenn es um seinen Kampf gegen die Grammatik ging, machte er keine Gefangenen. Wir waren ein schreckliches Paar. Er redete viel. Nur allzu oft gab er Sätze von sich wie: »Da hamwa mehr Driss met jehat wie dat letzte Ma mit.«

Und ich verbesserte ihn. Zunächst leise. »Als!«, sagte ich, zunächst ganz ruhig, »als beim letzten Mal.« Irgendwann kreischte ich nur noch in sein Spreschen hinein,

85

ähnlich wie die Möwen aus dem Film *Findet Nemo*. »Als, als, als!«, kreischte ich und kreiste mit aufgeschlagenem Duden um die erschrockene Gesprächsrunde. Im Gegensatz zu den besagten Möwen hatte ich natürlich Recht, war allerdings in der Unterzahl. Eine Million Kölner wissen es eben besser wie ich.

Amtlich zerstritten haben mein Kölner Freund und ich uns schließlich aufgrund eines besonders fürchterlichen Wortes, nämlich »Pänz«. »Pänz« ist Mehrzahl und bedeutet »Kinder«. Im Singular heißt es im Kölschen Panz. Nicht, dass er nicht auch dauernd andere kölsche Worte sprach wie »Driss« und »Flönz« und wie es alles heißt, und unter gewissen Umständen finde ich das ja auch ganz putzig, aber nicht beim eigenen Mann. Ich möchte nicht gefragt werden, ob ich mir vorstellen könnte »mal mit de eijene Pänz zum Zoch zu jehn, mal später wann«, sondern möchte doch ordentlich gefragt werden, wie denn meine Meinung zu eigenen Kindern sei. Nicht dass ich eine hätte, aber gewisse Themen erfordern eine gewisse Ernsthaftigkeit.

Er verstand das nicht, ging aber trotzdem und verließ mich für ein »lecker Mädschen«, dem er noch was beibringen konnte, sowohl Pänz als auch Kölsch. Die junge Dame, Margarethe, stammte aus Polen und war tatsächlich eine ganz Nette, wenn es mich auch nicht verwundern würde, wenn sie im Mobiltelefon meines Düsseldorfer Exfreundes unter dem Namen »Glockengrete« abgespeichert wäre.

Folgende Konversation, die ich zwischen ihr und meinem Kölner Exfreund belauschen durfte, zeigt vielleicht noch einmal zusammenfassend, wo das grundsätzliche Problem des Rheinländers mit der Toleranz liegen könnte.

| | |
|---|---|
| Margarethe: | »Ich war während des Karnevals …« |
| Mein Kölner: | »Watt warst do? Watt soll denn dat sein: während *des* Karnevals, Liebschen?« |
| Margarethe: | »Äh, ich meine während *dem* Karneval …« |
| Mein Kölner: | »Nä, su onitt.« |
| Margarethe: | »*Im* Karneval war ich…« |
| Mein Kölner: | »Ja, fast. Gleesch hasess, versuchet nochens!« |
| Margarethe: | »Also, Karneval, da war ich …« |
| Mein Kölner: | »Jenau, jetzt haset. Wo wors denn Karneval?« |
| Margarethe: | »Karneval war ich stockbesoffen.« |
| Mein Kölner: | »Jod jemaat, Mädschen!« |

Ich denke, das ist wahre Liebe, wo wenn man sisch verstehen tut, nicht nur teschnisch, sondern rischtisch.

# Bitte lächeln

»Wie seid ihr denn auf Litauen gekommen?«, fragten uns alle, wenn auch in unterschiedlichen Tonfällen. Selbst meine Eltern reagierten etwas gereizt, so als dächten sie: »Oh, da wollen wir wohl mal ein bisschen individuell sein, wie? Spanien oder die Karibik sind der Madame wohl nicht exotisch genug, was?«

Die meisten jedoch bekundeten echtes Interesse und erwarteten eine spannende Antwort von uns, wie etwa: »Das Baltikum hat mich seit jeher gereizt, aber als unser gemeinsamer Freund Anastasios dann über seine Heimat erzählte, sind wir richtig neugierig geworden …« Oder auch: »Meiner Großcousine mütterlicherseits hat da so einen alten Bauernhof, den wir gemeinsam restaurieren wollen.« Für flüchtigere Bekannte wäre auch etwas Sportliches als Beweggrund plausibel gewesen, eine Antwort wie: »Ach, das nördliche Litauen ist einfach ein Paradies für Hobbybogenschützen, und wenn wir die neue Ausrüstung mal probieren wollen, dann auch richtig!«

All diese Ausflüchte hätten zu Gesprächen geführt, die unweigerlich in dem anerkennenden Satz unseres

Gegenübers geendet hätten: »Landschaftlich soll es ja wunderschön dort sein. Macht viele Fotos, vielleicht fahren wir ja auch mal dahin.« Andere Menschen hätten auf diese Weise angenehme Abende erlebt, an deren Ende sich alle Teilnehmer ein wenig weitergebildet hätten fühlen dürfen. Doch die Wahrheit ist eben nicht angenehm, daher mussten wir auch mit einer ehrlichen, aber völlig belämmerten Reisezielbegründung aufwarten, die uns selbst, je öfter wir sie wiederholen mussten, noch mehr als üblich an unserer Hirntätigkeit zweifeln ließ:

»Wir haben bei Vox-Tours was über die Ukraine gesehen. Da waren im Herbst so große Vögel.«

Der weitere Gesprächsverlauf geriet durch diese Information stets ein wenig ins Stocken. Freundlich aber bestimmt wurden wir darauf hingewiesen, dass die Ukraine nicht Litauen sei. Da wären sie sich zufällig ganz sicher, das müssten sie nicht nachschauen. Besonders unterbeschäftigte Sozialpädagogen machten uns noch besserwisserisch darauf aufmerksam, dass unser Reisetermin Ende Juli nicht unbedingt der Jahreszeit Herbst zuzurechnen sei, nicht in diesen Breitengraden.

Spätestens zu diesem Zeitpunkt wurden wir dann bockig: »Na, und? Wir wollen ja auch keine Vögel beobachten!«

Dieser Satz wurde zu einer Art Grundstein unserer Reisevorbereitung, wenn nicht gar die Reisevorbereitung an sich. Ich kann jedem halbwegs spontan Reisenden nur empfehlen, sich solch realistische Ziele zu setzen. Man wird so kaum enttäuscht.

Als Zugeständnis an die nicht zu beobachtenden Vögel beschlossen wir zudem, ihren Lebensraum nicht nur zu respektieren, sondern auch zu meiden, sprich: Statt mit einem Flugzeug, das auf der Internetseite aussah, als hätte Ronald McDonald es konstruiert und bemalt, zogen wir es vor, uns unserem Reiseziel per Schiff zu nähern.

An der Bahnhofsbuchhandlung in Kiel hat uns dann aber doch die Planungslaus gebissen – wir erstanden in letzter Minute einen Reiseführer mit Vokabelhilfe, zufälligerweise in Deutsch-Litauisch. Sofort schlugen wir die Wörter »Vogel« und »beobachten« nach. Beide waren nicht aufgeführt, also konnten wir unsere Reise getrost fortsetzen.

Die Fähre erwies sich als Glücksgriff für Menschen wie uns, die insgeheim immer hofften, dass sich ihre beiden liebsten Hobbys einmal unkompliziert verbinden ließen. In unserem Fall waren es Klaustrophobie und Paranoia.

Das Fährschiff verkehrt fast täglich zwischen den Hafenstädten Kiel und Klaipeda, wobei es fast ausschließlich russische Truckfahrer und gefrustete deutsche Erdkundelehrer transportiert. Seine wahre Würze erlangte dieser Schmelztiegel der Kulturen allerdings erst durch die Dreingabe einer litauischen Motorradgang, deren Mitglieder sich aufgrund der kühlen Witterung ihre Lederjacken auftätowiert hatten.

Mein Freund und ich waren definitiv das Kraut, welches nicht in die Suppe gehörte. Dem Reisebudget gehorchend hatten wir keine gewöhnliche Kabine gebucht, sondern die sogenannte »Pullman Lounge«. Bis heute weiß ich nicht, wer oder was ein »Pullman« ist, aber nach Ansicht der Räumlichkeit denke ich ebenfalls darüber nach, den Begriff »Lounge« neu zu definieren. Es war ein fensterloser, circa zwanzig mal zwanzig Meter großer Käfig, der zu drei Seiten durch beigefarbene, konkave Wände begrenzt wurde. Die vierte Wand bildete eine hauchdünne Trennscheibe, an die die Bordkneipe angeschlossen war. Weltrekordhalter im Tetris-Spielen waren beauftragt worden, die Inneneinrichtung zu gestalten. So befanden sich dort sechzig Sitze, die theoretisch aufklappbar gewesen wären. Insgesamt bot diese »Pullman Lounge« also Platz für etwa einhundertzwanzig Passagiere, jedoch nur Sauerstoff für zehn. Folglich verbrachten mein Freund und ich die vielen, vielen Stunden bis zur Nachtruhe in der Cafeteria.

Dort befanden sich links von uns die Erdkundelehrer, die ihre Landkarten in unseren Heißgetränken ausbreiteten und durch das ununterbrochene Tragen ihrer Fahrradhelme signalisierten, dass sie durchaus nicht für einen kleinen Plausch mit uns zu haben wären. Da es sich bei unseren Heißgetränken um Grog handelte, suchten wir alsbald Anschluss an die russischen Berufskraftfahrer zu unserer Rechten, aber die hielten uns für Waschlappen. Sie tranken aus Kanistern. Nur die Jüngeren unter ihnen hatten sich die Mühe gemacht, das darin befindliche Benzin durch Wodka auszutauschen. Gegen zwölf Uhr nachts kristallisierte sich heraus, dass wir wohl in keine der vorherrschenden Gangs aufgenommen werden würden. Doch immerhin durften wir frei wählen: Den Erstickungstod im Pullmankäfig oder eine unvergessliche Nacht auf dem Oberdeck, bei zwei Grad Plus und litauischen Rockern.

Nachdem wir einen Kanister von den Truckern geklaut hatten, entschieden wir uns für Frischluft. Unser Plan war, mit dem Benzin einen Bannkreis um unsere Schlafstätte zu ziehen und abwechselnd Wache zu halten. Leider mussten wir feststellen, dass Schiffe bei Regen gar nicht so gut brennen, wie man immer meint. Dafür erwiesen sich die litauischen Heils Angels als viel sanftmütiger, als wir angenommen hatten. Immer, wenn mein Freund sich seekrank über die Reling beugte, schickten sie einen aus ihrer Zunft, um sich nach meinem Befinden zu erkundigen. Artig fragte ein jeder: »Do you want to have sex – now?«

Und ich lehnte höflich, aber bestimmt ab, indem ich antwortete: »Generally yes, but not with you.«

Gegen vier Uhr morgens wurde ihnen das Spiel zu blöde, allerdings war es dermaßen eisig, dass ich wahrscheinlich doch noch in eine wärmende Orgie eingestiegen wäre. Zu dieser Zeit war mein Freund bereits vor Kälte erstarrt, meines Erachtens ein weiterer Grund, warum die Rocker von uns abließen. Sie schienen totes Fleisch instinktiv zu meiden. Ganz im Gegensatz zu den Möwen, die uns bei der Einfahrt in den Hafen durchaus interessiert beobachteten. Fast hätten wir zurückgeguckt, aber dank unserer Standfestigkeit gelang es uns, unser Reiseziel nicht nur beizubehalten, sondern sogar dort anzukommen.

In Litauen angedockt konnten wir die viel gepriesene Schönheit der Landschaft in natura bewundern: eine seit Jahrzehnten unberührte Industriewüste, so weit das Auge reichte. Kein störendes öffentliches Telefon, kein Geldautomat, keine besetzte Wechselstube. Lediglich eine Bushaltestelle verdarb das vollkommene Idyll. Glaubhaft wurde uns jedoch versichert, dass der Fahrplan schon vor Jahren eingestellt worden war.

Doch die himmlische Ruhe wurde jäh unterbrochen.

»Ich bringe euch in große Stadt«, mischte sich ein Mann in unsere Tagesgestaltung ein. Natürlich handelte es sich bei diesem Mann um einen Taxifahrer, genauer gesagt, um unseren Taxifahrer. Alle übrigen Fährpassagiere waren bei seinem Anblick entsetzt zurückgewichen, denn sein güldenes Gebiss glitzerte um die Wette mit dem Funkeln seines Gefährtes, das rundherum mit silbernem Gaffa-Tape umklebt war. Als wir zögerten, in dieses Fahrzeug einzusteigen, wiederholte er seine Einladung mit großer Eindringlichkeit: »Ich bringe *euch* in große Stadt.«

Unser Chauffeur sollte sich als Glücksgriff erweisen. Nicht nur, dass er unserer Muttersprache mächtig war, er erwies sich sogar als kleine Plaudertasche und wurde es nicht müde, uns auf die Schönheit seines Landes aufmerksam zu machen.

»Wie weit ist es denn bis in die Innenstadt?«, fragte ich ihn, eher aus finanziellem als geografischem Interesse, aber er überhörte höflich meinen ängstlichen Unterton und bestätigte: »Ich *bringe* euch in große Stadt.«

Als wir auf der Landstraße ein anderes Taxi erblickten, das durch seine Beschriftung und vollständige Anzahl von Türen und Fenstern auf seine Weise offizieller wirkte, winkte er rigoros ab: »*Ich* bringe euch in große Stadt.«

Am Ende unserer Fahrt erschien uns der Preis für seine Dienste etwas hochgegriffen, doch bevor es zu einem unwürdigen Feilschen kam, untermauerte er seine Forderung mit der Begründung: »Ich bringe euch in *große* Stadt« und brauste davon.

Wir lachten nur darüber. Als unser Lachen in den verlassenen Häuserschluchten widerhallte, hörten wir auf damit und lauschten dem vielfachen Surren der Rollläden, die von den Geschäftsinhabern ringsherum heruntergelassen wurden.

»Sie halten Siesta«, erklärte ich meinem Freund, »das ist so üblich in diesen Gefilden.«

»Es ist neun Uhr morgens«, entgegnete mein Freund und deutete fasziniert auf einen Brunnen, der vor unseren Augen versiegte.

»Der Reiseführer hat bestimmt eine logische Erklärung dafür«, bemerkte ich und begann, nach selbigem zu fahnden. Wie sich herausstellen sollte, befand dieser sich in Sicherheit, das heißt im Taxi.

Wir lachten noch einmal, dieses Mal deutlich leiser.

»Vergiss den Reiseführer!«, raunte ich meinem Freund zu. »Reiseführer sind was für Memmen, die sich nicht trauen, Land und Leute auf eigene Faust kennenzulernen.«

Mein Freund knurrte, aber nur, um das Rudel wilder Hunde zu verscheuchen, das um unser Gepäck herumschlich. Als die Meute sich schließlich verzog, schöpften wir neue Hoffnung. Das Schicksal hatte gewollt, dass wir uns der größten Herausforderung stellten, die ein Paar auf sich nehmen kann: den gemeinsamen Urlaub, ohne profane Hilfsmittel wie rudimentäre Sprachkenntnisse, Sudoku-Hefte oder harte Alkoholika. Wir waren auserkoren, unser ganz persönliches Reiseabenteuer zu erleben, das uns noch fester zusammenschweißen würde.

Rückblickend kann ich sagen, dass kein Land geeigneter ist als Litauen, um fernab des pauschalisierten Massentourismus seinen ganz eigenen Weg zu gehen. Individualreisende werden hier in einem Maße respektiert, wie es sonst nur Eremiten zuteil wird. Überall kann man die erholsame Stille genießen, man muss nur die richtigen Fragen stellen. Im Busbahnhof fragt man nach einem Bus, im Supermarkt nach Lebensmitteln, am Strand nach Sand, und schon lässt der Litauer seinen Gast mit seinen Eindrücken alleine.

Hier biedern sich die Einheimischen nicht an, nur um einem das Gefühl des Willkommenseins zu vermitteln. Sie schenken dir kein falsches Lächeln, wenn du ziellos durch ihre Straßen irrst, allerdings auch kein echtes, denn das wichtigste Exportgut Litauens sind heruntergezogene Mundwinkel. Überall finden sich herrliche Originale aus der Besatzungszeit, aber auch die Kinder pflegen bereits die Tradition des angepissten Blickes. Insbesondere die Frauen üben sich in Todesverachtung, und die jüngeren Litauerinnen sehen allesamt wie eiskalte KGB-Agentinnen aus, permanent scheinen blaue Blitze aus ihren Augen zu schießen.

Die Augenbinden, die wir um der Vögel willen eingepackt hatten, erwiesen sich bald als lebensnotwendiges

Reiseutensil. Da niemand wagt, einer Litauerin ins Gesicht zu sehen, lieben die Frauen Körperschmuck, der vorwiegend aus Brüsten besteht. Während die jungen Litauerinnen Modeglocken aus Plastik favorisieren, entscheidet sich die ältere Generation für die althergebrachten Hängebrocken, um Fremde auf Distanz zu halten.

Aber die Brüste der Litauerinnen dienen noch einer weiteren wichtigen Funktion. Die Frauen verstecken ihre Männer in den tiefen Kluften ihrer Kittel, denn diese sind sehr scheu und trauen sich nur ans Tageslicht, wenn sie ihrer Arbeit nachgehen, dem Verachten von Touristen. Bekommt man doch einmal männliche Litauer zu Gesicht, ist man überrascht, dass sie alle wie mein Schwager Jörg aussehen. Nur reden sie noch weniger, obwohl sie unmöglich alle mit meiner Schwester verheiratet sein können.

Nach der ersten Woche zogen wir eine durchaus positive Bilanz. Wir hatten uns eingelebt, obwohl man noch nicht von vollständiger Integration sprechen konnte. Wie wir es aus den alten Zeiten gewohnt waren, sprachen wir leise miteinander, bevor wir auf Entdeckungstour gingen, und grinsten uns eine halbe Stunde lang intensiv an, natürlich hinter geschlossenen Vorhängen. Ich muss gestehen, dass ich diesen Proviant tagsüber heimlich auffrischte, indem ich meinem Spiegelbild in den Schaufensterscheiben ermutigend zulächelte.

Des Abends durften wir herrliche Sonnenuntergänge in den beiden zahlreichen Strandcafés erleben und bis in die tiefe Nacht die Speisekarte studieren, ohne zur eigentlichen Bestellung genötigt zu werden. Dennoch litten wir keinen Hunger. Gleich am zweiten Tag hatten wir uns in einer Wirtschaft per Fingerzeig das National-gericht Litauens geordert, gefüllte Kartoffelklöße, die sogenannten »Cepellini«.

Unsere Erwartungen wurden übertroffen. Die Spe-zialität ähnelte nicht nur in der Form, sondern auch in Größe und Geschmack an das beliebte Luftfahrzeug. Über die Füllung lassen sich im Nachhinein nur unzurei-chende Angaben machen, da man den hierzu benötigten Tieren zuvor das Fell teilweise abgezogen hatte, was eine genaue Identifizierung unmöglich machte. Falls es sich bei diesen Tieren um Vögel gehandelt haben sollte, will ich diese nicht gesehen haben.

Zu Beginn der zweiten Urlaubswoche machte sich jedoch leichtes Unbehagen breit. Wir hatten die Zep-peline verdaut und mussten uns eingestehen, dass wir uns nichts Neues zu erzählen hatten, zumindest nichts von Belang. Beiträge wie »Guck mal, auf der verlassenen Bank da vorne sitzt kein Vogel«, führten nur dazu, dass wir sehnsüchtig nach unserem Taxifahrer mit den Gold-zähnen Ausschau hielten.

»Ich bringe euch in große Stadt«, flüsterte mein Freund zärtlich, und ich antwortete ihm, leise weinend: »Ja, ich will.«

Schließlich begannen wir, dem Verhalten der Einhei-mischen auf den Grund zu gehen. Wir suchten einen litauischen Vergnügungspark auf. Die Kinder auf den Karussells blickten konzentriert wie Kampfpiloten und nahmen Zuckerwatte und Lebkuchenherzen mit einer

Demut entgegen, als würden ihnen Hostien gereicht. Zwar wurde getrunken, aber selbst der Alkohol dient in Litauen einem anderen Zweck als der Entgleisung. Wir beobachteten eine Gruppe junger Männer, die diszipliniert eine Flasche Bier nach der anderen leerten. Sodann warfen sie die Flaschen auf den Boden, kehrten die Scherben zusammen und schippten sie in einen mit Salzwasser gefüllten Bottich. Es dauerte ein wenig, bis wir begriffen, dass auf diese Weise der berühmte Bernstein, das wohl beliebteste Mitbringsel des Baltikums, hergestellt wurde.

Nur einmal gelang es uns, den subtilen Humor der Litauer in seiner Reinform zu erleben. Ich stolperte und fiel in eine Pfütze. Schallendes Gelächter folgte diesem Missgeschick. Erfreut blickte ich mich um, nur um wieder in ernste Gesichter zu sehen.

»Hättest du nicht ein bisschen bluten können«, zischte mein Freund, »das hätte sie bestimmt länger bei Laune gehalten.«

Zwei Tage brachten wir damit zu, auf belebten Straßen gegen Straßenlaternen zu laufen, über Bordsteine zu stolpern und uns Dreck ins Gesicht zu werfen, aber nie wieder ernteten wir auch nur ein Lächeln. Die Litauer haben ein sehr feines Gespür dafür, ob man es ernst meint oder ihnen nur etwas vorspielt.

Schließlich knickten wir ein. Drei Tage vor unserer Abreise schlugen wir den Weg zum Fährhafen ein, den wir in den frühen Morgenstunden, leider unbehelligt von Taxifahrern, erreichten. Dort angekommen gab es kein Halten mehr, die Gefühle überwältigten uns. Mit

Inbrunst starrten wir die Möwen an, einer Schar Enten schenkten wir verschwenderische Blicke, einem Reiher klatschten wir Beifall. Mit der Zeit konnten wir das Vertrauen eines Spatzenclans gewinnen. Als sie begannen, sich aus unseren restlichen Euroscheinen auf der Bank direkt neben der unsrigen ein gemütliches Nest zu errichten, war es leider an der Zeit, die Rückfahrt anzutreten.

Russische Trucker kamen nicht an Bord, ebenso wenig wie die litauische Rockergang. Die ehemaligen Erdkundelehrerehepaare schoben ihre Trekkingräder im gebührenden Abstand voneinander in den Frachtraum. Dreißig Jahre Ehe hatten der Prüfung, die Litauen für eine Beziehung bereithält, nicht standhalten können. Da sie nicht mehr bereit waren, ihre Kabinen miteinander zu teilen, saßen sie alle, weit voneinander entfernt, über das ganze Deck verstreut an Einzeltischen, jeder mit einem Kanister bernsteinfarbenem Bier vor sich. Sie alle lächelten, als dächten sie dasselbe wie wir: »Immerhin – landschaftlich war es sehr reizvoll.«

# Eichhörnchen

Papier ist geduldig, Banken nicht. Die Schriftstellerei bleibt somit ein ambivalenter Beruf, es sei denn, man verfügt über Berater, deren Spürnase man vertraut.

»Schreib doch mal was Richtiges«, schlug meine Mutter also vor, »ich meine etwas, was sich verkauft.«

Selbstverständlich hatte sie den Markt sondiert, bevor sie mit diesem kühnen Vorschlag an mich herantrat: »Schreib doch mal etwas über Drachen! Die gehen immer gut.«

Warum war ich nicht selbst darauf gekommen? Drachen sind von jeher die Lieblinge der Weltliteratur: *Die Nibelungen* wären ohne einen zünftigen Drachen nie zum Verkaufshit geworden, *Jim Knopf* hätte ohne *Frau Mahlzahn* äußerst hölzern gewirkt, und wenn ich mich recht entsinne, kam auch *Harry Potter* nicht ohne den einen oder anderen Lindwurm aus.

Also begann auch ich mit der Verfertigung eines Jahrhundertromans, der sich um eine schuppige Echse ranken sollte. Als ich bereits auf Seite 277 (inklusive Zeichnungen) angelangt war, überkam mich eine Schaffenskrise: Brauchte die Welt wirklich noch einen weiteren Drachen? Und dann auch noch ausgerechnet meinen Drachen?

Als ich das Manuskript überprüfte, musste ich zugeben, dass ich etwas sparsam mit dem Umgang von unerwarteten Wendungen gewesen war. Ein Dutzend Mal allein zählte ich den Satz: »Er spie Feuer.« Und all diese Verwicklungen spielten sich bereits im ersten Kapitel ab. Wirkliche Neuigkeiten hielt mein Buch nicht für Drachenfans parat, die Charaktere durchliefen keine nennenswerte Entwicklung: »Die Menschen fürchteten sich vor dem Drachen, der in seiner Höhle Feuer spie.« Einige Abschnitte später hieß es: »Sie fürchteten sich immer noch, da der Drache weiter spie. Feuer, natürlich.«

Was auf sachlicher Ebene bestimmt richtig ist, taugt eben nicht immer, um den Leser zu fesseln. Notfalls ließe sich dieses Manko noch ausbügeln, indem der Verlag »Non-Fiction« auf das Cover drucken würde.

Doch dann durchfuhr es mich wie ein Blitzschlag: Es lag gar nicht an mir, dass das Buch in sich eher saublöd denn spannend war. Nicht ich trug Schuld an meinem Versagen, sondern der Drache. Drachen sind einfach durch. Drachen sind rückständig, zwanzigstes Jahrhundert, Schnee von gestern. Deswegen schreiben jetzt auch alle Vampirbücher. Doch bevor ich noch einmal so dumm sein werde, mich in bestehenden Nischen einzumummeln, werde ich mich an etwas Eigenes wagen, an etwas Größeres, Imposanteres, etwas, gegen das ein auf einem Drachen reitender Vampir einpacken kann. Ich werde endlich über die wahren Bestien berichten, über jene Furcht einflößenden Monster schreiben, die unsere Gesellschaft in Angst und Schrecken versetzen, über Vorboten der Apokalypse, die grausamen Rächer der Natur, und ich rede von den Tieren, die uns alle angehen: Eichhörnchen.

Also ehrlich gesagt habe ich gar nichts gegen Eichhörnchen, im Gegenteil. Es bereitet mir sogar großes Vergnügen, die possierlichen kleinen Racker bei ihrem Tagewerk zu beobachten. Die meisten Eichhörnchen scheinen sich ihre Nüsse mit Rumhuschen zu verdienen, einige sind aber auch mit Klettern und nervös Gucken vollkommen ausgefüllt. Alle Eichhörnchen, die ich kenne, leiden unter ADHS, sind aber trotzdem niedlich dabei, weil sie ja keine Eltern haben, denen sie damit auf den Sack gehen können, wenn diese sich gerade selbstverwirklichen wollen.

Wellness und autogenes Training sind komplett unbekannt in der Eichhörnchen-Gesellschaft, selbst in sogenannten Ruhephasen benehmen sich die kleinen Nager noch wie Wahrsager auf Speed und rollen unscheinbare Haselnüsse in ihren Pfötchen herum, als könnten sie damit die Lottozahlen vorhersagen. Und es gibt noch etwas, was Eichhörnchen tun. Eichhörnchen keckern mitunter, und Eichhörnchen dürfen das, so finde ich.

Delfine dürfen ebenfalls keckern, weil die nett zu behinderten Kindern sind. Denen ist das egal, ob die komische Frisuren haben oder nicht. Manche Tiere aber sollten nicht keckern. Menschliche Männer zum Beispiel.

Ich meine: Wenn ein Mann sich bei einem Tier etwas abschaut, dann doch bitte nicht von einer hyperaktiven

Ratte mit Puschelschwanz oder einem Fisch mit Loch im Kopf. Ein Mann kann sich meinethalben benehmen wie ein Bär. Er darf sich an Bäumen schubbern und Vorräte durchwühlen, er kann von mir aus vier Monate im Jahr verpennen, und er darf doofe Wanderer in Goretex-Jacken aufessen. Außerdem sollte ein Mann aus Gründen des Tierschutzes niemals zum Tanzen gezwungen werden. Das wäre nicht artgerecht. Aber zu keckern wie ein Eichhörnchen, das steht dem Manne nicht. Denn wenn ein Mann erst mit Geräuschen wie »Ntstststntsnts« anfängt, dann ist es um ihn geschehen. Dann ist er kein Mann mehr, sondern ein Eichhörnchen in Menschengestalt, also ein selbstständiger Systemadministrator. Und wir alle kennen diese traurige Gestalt.

Tagsüber hechtet er nervös durch die Innenstädte von Karlsruhe oder Hannover, auf der Suche nach Nahrung, Weibchen und eigenem Revier. Da sein Kurzzeitgedächtnis jedoch nur über die Speicherkapazität einer Haselnuss verfügt, hat er selbst nicht die geringste Ahnung von dieser Suche. Deswegen muss er alle fünf Minuten andere Eichhörnchen-Menschen über das Eichhörnchen-Menschen-Funknetz anrufen, das nur per Freisprechanlage funktioniert. Damit stellt er sich dorthin, wo die lautesten Autos am dichtesten fahren und dann, dann keckert er los: »Ntstnstsn, hallo, Lothar! Du, ich bräuchte noch hier, die Dingens … tststst … ja, von dem Kunden … wegen der Kampagne. – Ist schon fertig? Aha, aha … ntsntsts … – Was sagst du da, Lothar, was? Wir haben den Kunden verloren!? Ach so … ntsnstsn! – Du, Lothar, das ist ja jetzt eher suboptimal, ja … ntsntst … ja … nsntnst … Ich bin hier gerade in … Darmstadt … nee, Hannover … ist ja auch egal, müsst ihr das Meeting halt ohne mich machen, ich hab hier zu tun. – Ich ruf dich gleich noch mal an … ntststs. Nein, wir machen es umgekehrt, Lothar, du rufst mich an und sagst mir, wo ich bin. Und was ich hier mache. … Geeee-nau, so machen wir's, genau, ntstnst. – Tschö, Lothar! Tschö mit Ö, jahahah … ntsntns!«

Und nachtaktiv ist er auch noch, der Eichhörnchen-mann. Nachts ist ihm danach zumute, in einen dunklen Kobel zu klettern, vielleicht geht er ins »Roxy« oder noch lieber in den »Venuskeller« oder wie die jeweilige Schlampenrampe in Eurer Stadt auch heißen mag. Dort teilt er den anwesenden Eichkätzchen mit, was er alles weiß, und das ist nicht viel:

»Ntsntsnts … Hallo, ich bin selbstständiger System-administrator … nstnstn … Systemadministrator … ntstnst … selbstständig … ntsts … kommste mit ins Ho-tel ›Ibis‹, ntststs? Ich hab da 'n Ntststzimmer, zahlt die Firma, sind ja Peanuts für die, haha, ntsntsnt. – Witz gemacht, verstehste?«

Trotzdem – und leider – vermehrt er sich auf diese Weise.

Bleibt die Frage: Wie überlebt er? Wie verbringt er die ersten Lebensjahre? Tarnt er sich, wendet er das beliebte Verfahren des Mimikrys an, also verhält er sich zunächst wie ein ganz normaler Mann? Lebt er vielleicht lange Zeit als Schläfer in einer Studenten-WG, eingekifft in seinem eigenen Siff, und leistet sich die ein oder andere Roman-ze mit einer geruchsblinden Germanistikstudentin? Und was passiert dann? Erhebt er sich, ganz ähnlich wie die verpuppte Larve der Mehlmotte, eines Tages von seinem Lager und spricht: »Ntsntsntst, jetzt muss ich aber ganz schnell ins Büro, hmmm, ja, geeeenau, da muss ich hin, gucken, dass auch keiner meine Kaffeetasse benutzt, ist nämlich meine. Meine, jaaaha! Die mit der Diddl-Maus drauf ist meine. Meeineee, nststst.«

Könnte sein. Vielleicht bringen die Muttertiere aber auch Zehntausende von den kleinen Burschen auf die Welt, von denen es jedoch nur einige wenige von den Laichplätzen in Bergisch Gladbach zurück in die Innenstadt schaffen. Die übrigen werden von großen Raubvögeln gefressen, von Mofa-Gangs aufgespürt oder von Bundeswehrkoberern verschleppt. In vielen Fällen ist die Mutter unter Umständen auch zu unerfahren und vergräbt ihre Eier viel zu tief unter ihren Lesezirkel-Abo-Heften oder verschluckt sie in einem vermeintlich gefährlichen Moment, also beim Cliffhänger von »Verbotene Liebe«.

Wir merken: Wir wissen viel zuwenig von diesen Zwischenwesen, und das, liebe Tierfreunde, sollte unbedingt so bleiben.

Zur abschließenden Beruhigung möchte ich schließlich erwähnen: Angesichts dieser Entwicklungen ist die Furcht vor Drachen heutzutage vollkommen unbegründet.

# Die freie Welt

Autofahren ist wie Klavierspielen: Ich kann es nicht. Natürlich haben ausgewählte Pädagogen versucht, mich in beiden Disziplinen zu schulen, aber das jeweilige Projekt scheiterte stets an meiner Unfähigkeit, alle jeweils notwendigen Elemente zu einem Ganzen zu kombinieren. Am Pianoforte gelang es mir zwar, auf die Noten zu schauen und anschließend die ungefähre Tastenkombination einzugeben, aber mein Hörvermögen und mein Taktgefühl verzogen sich im selben Moment in ihre gesetzlich vorgeschriebene Pause. Muntere Stücke wie zum Beispiel die »Champagnerarie« aus Don Giovanni klangen in meiner Interpretation wie der Trauermarsch, den Marilyn Manson sich für seine Beerdigung ausgesucht hätte. Einmal versuchte meine Klavierlehrerin, meinen Blick vom Notenblatt zu lösen, um das ganze Prozedere etwas zu entzerren beziehungsweise mein Gefühl für die Musik zu erwecken. Nun ja. Bei mir galt immer: ganz oder gar nicht, also schloss ich die Augen und ging in die Vollen. Blind legte ich eine Variation der »Mondscheinsonate« hin, die die apokalyptischen Reiter schon mal ihre Pferde satteln ließ. Ich traf den Takt, aber nicht die Tasten. Als ich die Augen wieder aufschlug, begriff ich endlich, was meine Klavierlehrerin mit diesem Experiment hatte erreichen wollen: Sie war verschwunden.

Am Lenkrad sah es zunächst vielversprechend aus, da in der Fahrschule mit vierhändigen Stücken begonnen wird. Die ersten dreißig Fahrstunden fuhr ich also Vollplayback, wobei ich ein gewisses Geschick darin entwickelte, die Hände so ans Steuer zu legen, dass es für den flüchtigen Beobachter sehr überzeugend aussah. Theoretisch war ich ein Ass und mein Co-Pilot und ich ein perfektes Team.

»Jetzt zweiter Gang. Genau. Kupplung kommen lassen. Schulterblick nicht vergessen«, sagte ich, und mein Fahrlehrer gehorchte. Gefährlich wurde es erst an dem Tag, an dem ich wieder improvisieren sollte. Meine Leidenschaft für das Instrument ging ausgerechnet beim Vorspielen vor der Jury mit mir durch.

»Vergiss einfach, dass der Prüfer hinten sitzt«, empfahl mir mein Fahrlehrer, ich aber vergaß alles um mich herum. Meines Wissens bin ich die einzige Fahrschülerin, die direkt nach der ersten Ampel aussteigen und in ein Röhrchen pusten musste. Drei Fahrprüfungen vergingen wie im Rausch, bei der vierten waren die anderen Verkehrsteilnehmer gewarnt worden. Sie blieben zu Hause, aber nur für sechs Monate. Als sie sich wieder auf die Straße wagten, gab ich mich geschlagen und stellte die Fahrpraxis ein. Ich begriff, dass die Menschen noch nicht reif waren für meine Kunst.

Ich lebte fortan in Städten, die behindertengerecht eingerichtet sind. Niemand benötigt ein Auto in Köln oder Berlin. Als ich in Los Angeles lebte, baute ich das städtische Bussystem nach meinen Bedürfnissen aus. Nicht selten riefen die dortigen Verkehrsbetriebe bei mir an und erkundigten sich nach dem aktuellen Fahrplan. Mir zu Ehren errichtete die Stadt von Los Angeles sogar zehn Jahre später ein Denkmal, in der Form eines U-Bahnsystems. Noch immer warten sie darauf, dass ich zurückkehre, um es einzuweihen.

Zu Hause fallen meine Defizite nicht weiter auf. Weder parkt ein schnittiger Wagen in meinem Wohnzimmer, der mir zuflüstert: »Lust auf einen kleinen Ausritt, Honey?«, noch bewege ich mich in Kreisen, deren Angehörige zu vorgerückter Stunde ihre Kummerbünde lockern, die Champagnerflöten werfen und verlangen: »Man spiele zum Tanz auf! Ein Lied auf dem Steinway, vorgetragen von der Hausherrin, das wäre fabulös!«

Als ich jedoch im letzten Sommer entführt wurde, hat meine Unfähigkeit, ein Automobil zu lenken, mich beinahe Kopf und Kragen gekostet.

Auf einer Recherchereise geriet ich unvermittelt in Kriegsgefangenschaft, weil ich die Gegebenheiten vor Ort falsch eingeschätzt hatte. Heute weiß ich, dass Memphis, Tennessee, nicht Duisburg ist. Dort unten gibt es keine Trambahnhaltestelle, die mit knarzender Stimme als »Graceland-Nord, Umstiegsmöglichkeiten in die U5 zu Huckleberry-Fynn-Allee und zu den Baumwollfeldern« angekündigt wird. Der Grund hierfür ist einfach: Elvis hat den Siegeszug der Eisenbahn verpasst. Weder Schienen führen zu seinem ehemaligen Anwesen, noch hält ein Linienbus vor dessen Tor. Nicht einmal einen erwähnenswerten Radweg findet man dort. Aber eben nur, wenn man erst einmal dort angekommen ist. Mit dem Auto.

Das Auto, das mich dort hinbrachte, wurde von Carol gesteuert. Dies ist ihre Geschichte, nicht meine.

***

»Das ist alles nur passiert, weil du falsch gesungen hast!«, kreischt Carol.

Nun ist es offiziell: Carol hat mehr als eine riesige Macke. *Das alles* ist bestimmt nicht passiert, weil ich falsch gesungen habe. Vielleicht ist meine Popstar-Karriere *nicht* passiert, weil ich grundsätzlich falsch singe. Da, wo ich herkomme, muss man, um seine Privatsphäre zu schützen, nämlich schon mehr können, als ein Instrument nicht zu beherrschen. Aber *das alles hier*, unter uns Erwachsenen, ist wirklich nicht meine Schuld. Schließlich hat Carol angefangen. Mit allem. Immer. Es liegt an ihrer Textunsicherheit, dass wir jetzt vierhundert Meilen von unserem Reiseziel entfernt auf einem staubigen Rastplatz stehen, hilflos und verwundert wie zwei degenerierte Schoßhündchen, die hier soeben von Paris Hilton entsorgt worden sind. Die Junisonne brennt auf mein Haupt, aber die wahre Hitze steigt von innen auf. Es ist die Scham, die dadurch entsteht, dass baumdumme Redneckfamilien aus ihren Pick-ups heraus mit ihren Wurstfingern auf uns zeigen, als wären wir die neue Familienlachnummer im nördlichen Tennessee.

Okay, wir sind es. Diese kometenhafte Karriere verdanken Carol und ich nicht zuletzt der Dame von der Touristeninformation, die uns durch ihre Bürofensterscheibe zuwinkt. Sie hängt schon wieder am Telefon und grinst. Keine Frage, sie ruft ihre sämtlichen Kollegen im gesamten Bundesstaat an, um unsere Freakshow anzukündigen.

»Ja, stellt euch vor, noch heute werden zwei Vollidiotinnen in einem schwarzen Cherokee-Jeep bei euch anhalten und nach dem Weg fragen. Oder zumindest innerhalb der nächsten drei Wochen, so wie die fahren, hahaha.«

Immerhin stehe ich in der Meinung der Gesamtbevölkerung etwas besser da, so wage ich zumindest zu hoffen, und nörgle probehalber los: »Du bist doch die Amerikanerin, Carol, du müsstest das Lied doch besser kennen.«

Carol schenkt mir einen Blick, den ich von einem Mitglied der US-Streitkräfte nicht mal geborgt bekommen möchte, und zischt: »Ab ins Auto mit dir, Missy!«

Kleinlaut hüpfe ich auf den Beifahrersitz und halte die Klappe. Was war nur geschehen? Als wir vor acht Stunden losgefahren sind, waren wir noch in bester Abenteuerlaune. Denn wir waren auf dem Weg nach Graceland. Als Proviant hatten wir die riesige Kühlbox, prall gefüllt mit vierundzwanzig güldenen Bierdosen der Marke »Jüngling«, auf den Rücksitz geladen, am Rückspiegel flatterte munter das ausgedruckte Foto unseres Hotels am Elvis-Presley-Boulevard. Sie hatten uns mit einem Swimmingpool in der Form einer Gitarre geködert.

Seit wir auf den Highway gefahren waren, sangen wir

ununterbrochen: »I'm going to Graceland, Nashville, Tennessee …«

Jetzt waren wir in Nashville. Kein Graceland weit und breit. Das liegt in Memphis, wie jeder weiß, und so singt es auch Paul Simon. Der ist Carols neuestes Opfer: »Der Scheißhippie, der kann mich auch mal am Arsch lecken, dem stopfe ich seine Gitarre sonst wohin, verdammte Scheiße, es sind noch vierhundert Meilen bis zum verkackten Memphis. Jetzt klingelt auch noch mein Kacktelefon, Mist, Scheiße! – Oh, hallo Mummie, alles alrighty-righty hier.«

Carol kann von einer Sekunde auf die andere von Taxidriver auf Ned Flanders umswitchen. Wahrscheinlich lernt man das in der Army. Ich höre fasziniert zu, wie sie in ihr Headset quakt: »Nein, alles ist super hier, Mama, wir haben jede Menge Spaß, ja … ja. Die Deutsche hat sich mit dem Kartenlesen vertan, und jetzt muss ich noch ein paar Stunden fahren … Nein, die kann nicht fahren … Ja, sage ich ihr … Ja, wir haben eine ganz wundervolle Zeit, ja …«

Ich bin Pazifist. Na ja, sagen wir, ich bin feige und unterversichert, aber im Augenblick hätte ich nicht übel Lust, Carol ihre blöde Freisprechanlage aus den Haaren zu reißen, um Mutter Hastings mal reinen Wein einzuschenken und ihr zu berichten: »Jaaa, hallo, Misses Hastings! Hier ist die dumme Deutsche, die keine Karten lesen kann. Liegt vielleicht daran, dass ihre Tochter gar keine Karte zum Lesen mitgenommen hat, aber Sie kennen sie ja. Heute hat sie wenigstens ein Höschen an. Jaaaa, ich bin auch ganz überrascht …«

111

Aber was soll ich tun? Ich kann nicht Auto fahren, und wenn Carol mich hier, in der Wildnis, aussetzt, werde ich wahrscheinlich von tollwütigen Waschbären zerfetzt. Zu meinen wenigen Prinzipien im Leben gehört, dass ich nicht durch ein Tier sterben möchte. Also murmle ich auf Deutsch: »Kannst ja selbst nicht fahren, Miststück!«

»Was sagst du?«, fragt Carol, und was mich wirklich erschreckt, ist, dass sie jetzt wieder ganz zuckersüß säuselt. Der amerikanische Traum, der Pfadfinderinnengeist hinter zwei Zahnreihen, von denen eine irgendwie zu viel wirkt.

»Nichts«, lächle ich zurück, denn ich kann nicht Auto fahren. Alles, was ich tun kann, ist zu versuchen, Carol auf einem weniger gefährlichen Level zu halten, ihrer unbändigen Wut kein Futter zu geben, damit sie uns nicht gegen einen Baum rammt. Und es stehen verdammt viele Bäume auf den nächsten vierhundert Meilen auf dem Programm.

Ich greife ein neutrales Thema auf: »Heiß da draußen.«

Das habe ich hier unten im Süden schon gelernt. Wenn man eine Unterhaltung in seichtere Gewässer lenken will, sagt man: »Heiß da draußen.« Der andere versteht den Hinweis, hört auf, über die Steuern, Demokraten, islamisierte Nigger oder andere, in seinen Augen untragbare Zustände herzuziehen, und antwortet mit einem gütigen: »Yeah! Gott segne die Klimaanlagen.«

Carol aber stammt aus dem Norden und hat generell keine Themen unter neutral eingeordnet.

»Ja, heiß da draußen, du Weichei! Dann musst du mal in die Wüste. Nach Las Vegas!«

Überrascht sehe ich Carol an. Ich hätte jetzt mit einer Geschichte aus dem Krieg gerechnet. Nicht dass Carol dauernd oder gar ausführlich von ihrer aktiven Zeit erzählt, aber wenn sie gut getankt hat, lässt sie einiges durchsickern. Momentan ist sie jedoch nüchtern und plappert zur Abwechslung mal wie eine Hotelbroschüre.

»Las Vegas schläft niemals, keine Sperrstunde. Das ist heiß, Baby! Du kannst immer spielen und trinken und dir Shows angucken. Und die haben ein echt supercooles Army-Camp da draußen.«

Ich kriege die Worte »supercool« und »Army-Camp« nicht zusammen. Ich kann mir ja nicht mal eine Folge MASH anschauen, ich Zivilist. Aber solange Carol plappert, hält sie den Wagen auf der Straße.

»Wir mussten dahin, zur Vorbereitung auf den Irak, weil die da am besten die Umstände nachbauen können. Die Wüste, das Wetter … toll! Und das Beste war: Die haben da ein richtiges Dorf aufgebaut, so Lehmhütten und so 'n Scheiß, wie im Irak.«

Ich haue mir selbst auf den Mund, um nicht zu fragen: »Und hast du's zerbombt?«

Carol schwärmt weiter. Ich meine, ihre Augen strahlen tatsächlich.

»Die haben da extra Leute geholt, auch, damit die so auf Arabisch schreien, damit es echter wirkt, weißt du?«

Ich weiß nicht. Aber jetzt will ich es wissen, scheiß auf die tollwütigen Waschbären, bei denen ich wahrscheinlich landen werde.

»Carol, *woher* haben die die Leute geholt?«

Carol macht eine kurze Pause, ehe sie sagt: »Hm, da

habe ich nie so drüber nachgedacht. Vielleicht aus Guantanamo Bay, so als Knasturlaub. Hahahahahaha!«

Ich sehe wieder zu viele Zähne in ihrem Gesicht, zu viele Bäume neben dem Highway. Bisher habe ich ein wunderbares Leben geführt und dachte, mein größtes Problem könnte einmal sein, dass ich vierhundert Leuten in einem Theater gegenübersitze, die meinen Humor nicht teilen, vierhundert Leuten, die nicht lachen. Das wäre schlimm.

Carol hängt gackernd über dem Lenkrad und haut sich immer noch auf den Oberschenkel. Sie findet es nicht weiter tragisch, dass ich nicht mitlache, es gibt ja noch eine ganze Armee, ein halbes Land, mit dem sie diesen gelungenen Scherz teilen kann.

Immer noch erheitert meint Carol: »Scheiße, Vegas, ja, haha, das waren Zeiten! Verflucht, ich brauche bald ein Bier. Wie weit ist es noch, was meinst du, Missy?«

»Höchstens noch dreihundertsechzig Meilen«, antworte ich und rechne die Zahl leise in Bäume um.

∗∗∗

Obwohl Graceland sehr kommerziell ist, mag Carol es nicht sonderlich.

»Wer sind diese Verrückten?«, erkundigt sie sich ausgerechnet bei mir und zeigt auf ihre Landsleute, die zu Hunderten vor dem Museumseingang stehen. »Weswegen sind die alle hier?«

»Elvis?«, spekuliere ich wild, aber Carol mag das nicht glauben.

»Der Kerl ist tot«, behauptet sie und erntet dafür von allen Seiten giftige Blicke.

»Sie bevorzugen den Ausdruck ›vorübergehend dematerialisiert‹«, weihe ich sie in die Grundregeln des Kultes ein, aber natürlich weiß sie es besser.

»Wie kann man sich so in einen Typen reinsteigern, der bloß ein bisschen rumgesungen hat? Hat der überhaupt gedient?«

Eine alte Lady in unbeschreiblich gemusterten Shorts dreht sich zu uns um: »Aber selbstverständlich, Liebes. Er war in Deutschland stationiert.«

Carol lacht schallend.

»Haha, Elvis hat Hitler geschlagen! Er hat euch den Arsch versohlt, im Zweiten Weltkrieg, und jetzt stehst du hier in der Schlange und musst Geld zahlen, um sein Grab zu sehen. Das nennt man wohl Ironie des Schicksals, was?«, giggelt sie und boxt mich in die Seite.

Carol hat mal beiläufig erwähnt, dass sie bei der Armee dauernd irgendwelche Impfungen erhalten hätten, von denen keiner der sogenannten Ärzte mit Sicherheit sagen konnte, welche Art von Antikörper die Spritzen tatsächlich enthielten. Es muss etwas gewesen sein, was das Hirn davon abhält, eine Verbindung mit dem Rückenmark einzugehen.

»Elvis hat nicht gegen Hitler gekämpft«, versuche ich die Geschichte zu erklären.

Ein junger Vater in Jeansweste unterstützt mich: »Sie hat recht. Er ist nie so nah rangekommen an den Bastard. Aber wenn, dann hätte Hitler keine Chance gehabt. Der Typ war Vegetarier, wenn du weißt, was ich meine.«

Obwohl alle wissen, was er meint, versuche ich, die Sache ins rechte Licht zu rücken. Es gelingt mir besser, als ich gedacht habe.

»Elvis hätte nie gegen Hitler gewonnen, weil ...«

»Sind Sie Nazi?«, erkundigt sich eine alte Frau zu meiner Linken, und ich beginne zu schwitzen.

»Sie ist Deutsche«, petzt Carol und gackert.

Die anderen finden das nicht so komisch. Ich versuche zu retten, was ich kann.

»Es gibt doch gar keine Nazis mehr!«, stottere ich, aber ein klug aussehender Mann mit Nickelbrille schüttelt den Kopf.

»Natürlich gibt es noch Nazis. Der ganze Osten Deutschlands ist voll von Neo-Nazis, das wollen Sie doch besser nicht leugnen, oder, *Frollein*?«

Alle starren mich an, Carol klärt die Lage.

»Sie ist kein Nazi, Leute. Sie kann nicht mal Auto fahren.«

Eine spürbare Erleichterung macht sich bei den Umstehenden breit.

»Oh, ach so ist das«, entschuldigt sich der Mann mit der Nickelbrille bei Carol, »das wusste ich nicht. Das ist eine schöne Aufgabe, die du da erfüllst, junge Lady. Es ist nett, wenn man ganz besonderen Menschen ganz besondere Ausflüge ermöglicht.«

Die alte Dame mit den Shorts springt an mir hoch, um meine Wange zu streicheln. Carol amüsiert sich prächtig, ich flippe aus.

»Hallo, denkt doch mal nach! Wann ist Elvis gestorben?«, rufe ich.

Die eine Hälfte der Leute kreischt: »Der King lebt«, aber die Streber schreien: »Am 16. August 1977!«

»Richtig«, stelle ich erfreut fest und klatsche in die Hände, als hätte ich nicht mehr alle Tassen im Schrank.

Die alte Dame flüstert Carol zu: »Sollte sie nicht lieber einen Helm tragen, hinterher tut sie sich noch weh.«

Ich fahre unbeirrt fort: »Weiß jemand von euch, wann Hitler gestorben ist?«

Nur einer ruft: »Der King lebt!«, der Rest versucht es mit Raten: »Nun ja, so gegen Ende des Krieges, nicht?«

»Ja, es muss so zu der Zeit gewesen sein, dass er sich umgebracht hat.«

»Es war 1945!«

»Genau«, rufe ich und füge noch »Tada!« hinzu, aber alle zucken mit den Schultern.

»Was soll das jetzt beweisen?«, fragt ausgerechnet Carol, und der Typ mit der Jeansweste tätschelt meine Schulter.

»Ich weiß, was du sagen willst, und wir alle wünschten, es wäre so gewesen. Aber es gab keinen Kampf zwischen Elvis und Hitler. Er hat ihn nicht getötet, sosehr wir uns es auch wünschen. Aber höre nie auf zu träumen ...«

Jetzt hilft nur noch schreien: »Elvis war erst in Deutschland stationiert, als der Zweite Weltkrieg schön längst vorbei war!«

Ich blicke in erstaunte Gesichter, hinter einigen Stirnen scheint tatsächlich so etwas wie ein Nachrechnen vorzugehen.

»Ah, Miss ...«, erkundigt sich die Jeansweste, »wenn

Hitler schon tot war, als der King nach Deutschland kam, in welchem Krieg hat er dann gekämpft?«

Carol fällt auf, dass sie schon seit über einer Minute nicht mehr der Mittelpunkt des Geschehens ist, und sagt, was sie immer vor einer Bande Volltrottel sagt, wenn sie diesen Zustand ändern will: »Ich war im Irak.«

Ein Raunen der Bewunderung geht durch die Menge.

»Da wäre Elvis auch dabei gewesen.«

»Genau, es war ja nicht seine Schuld, dass gerade kein Krieg war, als er in Deutschland war.«

»Saddam hätte er ohne Weiteres fertiggemacht, mit Sicherheit!«

Die alte Lady sieht Carol an, eine Träne fließt ihre Wange hinab.

»Du bist ein gutes Mädchen. Erst verteidigst du uns da unten in der Hölle, und dann kümmerst du dich in deiner Freizeit um behinderte Nazis. Gott liebt dich, und der King tut es ebenfalls.«

Die Menge beschließt, dass Carol und ich uns ganz vorne in der Schlange anstellen dürfen, und wir bekommen sogar jeder einen Rabatt auf unsere Eintrittskarten. Carol für Kriegsveteranen, ich für mental Herausgeforderte.

Carol grinst zufrieden, als wir in den Minibus steigen, der uns aus Sicherheitsgründen auf die andere Straßenseite bringen muss, also die, auf der wir gerade in der Schlange standen.

»Es war zu lustig, wie du da eben den ganzen Nazikram verteidigt hast, ich hätte mich fast bepisst vor Lachen«, verrät Carol mir.

Ich zeige mich wieder mal wenig lernfähig: »Carol, ich habe den Nazikram nicht verteidigt, ich bin …«

Carol rollt mit den Augen und unterbricht mich: »Herrgott, das weiß ich doch. Ich bin doch nicht blöd. Ich habe zwei Semester deutsche Geschichte studiert. Ich habe eine Facharbeit über die Karolinger geschrieben.«

Sie spricht das Wort Karolinger aus, als hätte sie aufgrund ihres Vornamens Anspruch auf irgendeinen Thron.

»Ich weiß sehr viel über europäische Geschichte«, plustert sie sich weiter auf. »Die haben sich ja nur bekriegt, früher. Apropos … Katinka, weißt du eigentlich, wem zurzeit das Rheinland gehört?«

»Mich!«, antworte ich auf Deutsch und grinse dämlich und alleine, wie man es von einem geistig zurückgebliebenen Nazi erwartet.

\*\*\*

Unser Hotel ist von Graceland aus fußläufig zu erreichen, und das ist schon das einzig Positive, was sich darüber sagen lässt. Der gitarrenförmige Pool ist nicht viel größer als eine echte Fender Stratocaster und lädt auch aus dem Grunde nicht zum Schwimmen ein, weil drei dicke Kinder den Gitarrenhals blockieren. Ihre Mutter ernährt sie, indem sie ihnen im Minutentakt Marshmellows vom Beckenrand in die offenen Münder wirft.

»Und für die bin ich in den Krieg gezogen«, spricht Carol angeekelt und öffnet ihre vierte Dose Bier. »Die sind doch vollkommen unhygienisch.«

Hygiene ist ein großes Thema für Carol, da unterscheidet sie sich nicht von der Zivilbevölkerung. Seit dem 11. September haben sich die Parameter jedoch sehr verschoben. Zu meiner Highschool-Zeit haben mir die Zehnjährigen erklärt, dass es widerlich sei, wenn eine Frau sich nicht jeden Tag die Beine rasiere, doch als Carol heute Morgen meinen Rasierer in der Dusche fand, hat sie fast einen Ausschlag bekommen.

»Willst du den etwa benutzen?«, fragte sie mich entgeistert, und ich antwortete, wie es mir eingebläut worden war: »Ja, jeden Tag.«

»Das ist doch unhygienisch!«, rief sie. »Heutzutage gibt es doch andere Möglichkeiten. Ich habe mich lasern lassen.«

Ich muss etwas europäisch-überrascht geblickt haben, denn Carol sah sich genötigt, zum Beweis blank zu ziehen. Sehr blank.

Im ersten Moment schloss ich die Augen, weil ich fürchtete, mich sonst des Besitzes von Kinderpornografie schuldig zu machen, aber dann konnte ich nicht widerstehen und wagte einen zweiten Blick.

»Es ist ungeheuer praktisch, vor allem im Einsatz«, zählte Carol die Vorteile ihrer Ganzkörperglatze auf, »und auch beim Sex. Da riecht man nicht mehr stundenlang nach Mann. Männer riechen ja schon widerlich, selbst, wenn man sie vorher wäscht.«

Carol seufzte, als bestünde ihr harter Alltag hauptsächlich darin, junge Männer in Bottiche voller Seifenlauge zu tauchen, um im Anschluss daran die Geeignetsten für einen schnellen, reibungslosen Beischlaf auszusortieren.

Um nicht tiefer in diese Fantasie einzusteigen, lenkte ich das Thema wieder in seichtere Gewässer: »Das ist bestimmt praktisch, äh, vor allem in der Hitze. Deswegen machen die muslimischen Frauen das ja auch, diese komplette Enthaarung. Ist hygienischer in der Wüste.«

Carol glotzte mich mit großen Augen an.

»Quatsch. Du kannst doch gar nicht wissen, wie eine Araberin nackt aussieht. Wenn du mal eine nackt gesehen hättest, wärst du jetzt tot.«

Bevor ich zugab, dass ich noch nie eine so nackte Frau wie Carol gesehen hatte, bezog ich mich auf die schriftlichen Dokumente: »Aber das tun sie. Steht sogar im Koran, glaube ich. Ist wie mit dem Schweinefleisch, es verdirbt zu schnell dort. Unhygienisch, du verstehst?«

Carols Augen wurden noch größer: »Und so was steht im Koran, ja?«

Um mich nicht zu weit aus dem Fenster zu lehnen, entschied ich mich für eine diplomatische Antwort: »Müsste.«

Carol warf den Kopf zurück und lachte schallend: »Genau deswegen ist das ja auch alles Mumpitz! Schweine sind sehr hygienische Tiere, wenn sie erst einmal tot sind. Das ist ja das Problem, dass die den ganzen Mist glauben. Deswegen war ich da unten. Um die Menschen aufzuklären. Für die Freiheit.«

Da stand sie, die Erlöserin, fest auf ihren durch hartes Training perfekt geformten Beinen, die für immer so glatt sein würden wie die Oberfläche der Freiheitsstatue. Wie sollte ich Argumente hervorbringen gegen jemanden, der ein Jahr lang in der Wüste gelebt hat, unter gelaserten Kameraden, die nichts anderes im Sinn hatten, als den Ungläubigen klarzumachen, dass ein Schnitzel der erste Schritt in Richtung Weltfrieden ist? Wie hätte ich Carol widersprechen können? Selbst wenn ich an ihre Autoschlüssel herangekommen wäre, hätten sie mir gar nichts genutzt. Sie war und blieb zumindest mein Ticket in die Freiheit.

* * *

Auf der Rückfahrt hatte sich mein Stockholm-Syndrom bereits so prächtig entwickelt, dass ich in der Lage war, eventuelle Reizthemen geschickt auszuklammern, indem ich gar nichts sagte. Als wir nach über vier Stunden immer noch kein Wort gewechselt hatten, beschloss Carol, dass wir zu Unterhaltungszwecken einen kleinen Umweg nehmen könnten, damit ich wenigstens noch das wahre Amerika zu Gesicht bekäme. Sie quartierte uns bei Freunden ein, die in Washington D.C. wohnten beziehungsweise residierten. Julie und Andrew erwiesen sich als ein furchtbar nettes Paar, das seine großzügig geschnittene Wohnung mit Loft-Charakter nur zu gern für eine Nacht mit uns teilte.

»Ihr werdet euch allerdings ein Bad teilen müssen«, entschuldigte sich Julie bei unserer Ankunft, »wir hatten ja gar nicht mit eurem Besuch gerechnet.«

Wir winkten ab. Sosehr ich es auch von den wahren Amerikanern gewohnt war, dass sie bei einer entsprechenden Vorlaufzeit schnell noch ein drittes, provisorisches Bad neben dem Salon errichten, sowenig störte mich Julies hausbackene Art. Im Gegenteil, ich fand ihre Unkompliziertheit sehr erfrischend und stieg direkt darauf ein.

»Also, Julie, Andrew, seid ehrlich: Welche Bank habt ihr ausgeraubt, um euch diese Bude leisten zu können?«

Andrew errötete, was seinen jungenhaften Charme noch verstärkte. Kunststück, er war höchstens fünfundzwanzig.

»Nun ja, Julies Vater hat die Wohnung angezahlt. Aber wir haben bei der Army auch ganz gut verdient, nicht wahr, Schatz?«

»Richtig«, ergänzte Julie, »der Einsatz hat uns natürlich sehr geholfen. Ich arbeite jetzt für die Regierung. Wenn auch für die falsche«, fügte sie seufzend hinzu.

Daraufhin tätschelte Andrew die Hand seiner Liebsten und beruhigte sie: »Er wird sich nicht lange halten, versprochen.«

Dieser Ansprache zum Nationalfeiertag hatte ich nichts hinzuzufügen. Ich bin ein höflicher Gast, solange ich kein Schild sehe, auf dem »U-Bahn« steht.

Carol entschloss sich, mir die Stadt zu zeigen, weil unsere Gastgeber verhindert waren. Julie musste das Weiße Haus bewachen, Andrew Protein-Shakes trinken. Bei der Verabschiedung salutierten wir den beiden jungen Hoffnungsträgern, die täglich gegen alle Widrigkeiten und für ihren Traum kämpften.

Um das wahre Amerika kennenzulernen, muss man sich seine Toten anschauen. Wir fingen mit den Besten an und starteten unsere Tour am Friedhof von Arlington.

Es ist dort ganz anders als in Graceland, viel weißer. Auf einer Fläche, die in Dokumentarfilmen immer als die von über tausend Fußballfeldern angegeben wird, stehen Grabsteine und weiße Kreuze auf sanften, grünen Hügeln. Es ist gruselig. Carol nannte es erhaben.

Wir besuchten das Grab von John F. Kennedy. Neben seinem liegt ein winziger Grabstein, für das Baby, das Jackie Kennedy kurz nach dessen Geburt zu Grabe tragen musste. John Juniors Grab sah ich nicht.

»Er durfte nicht hier begraben werden«, erklärte Carol. »Er war weder Präsident noch Soldat.« Sie konnte nicht anders als hinzuzufügen: »Ich dürfte hier begraben werden.«

»Wieso dürfte?«, entgegnete ich.

Carol runzelte die Stirn.

»Es kommt darauf an. Kameraden, die in der Schlacht sterben, haben Vorrang, selbstverständlich. Irgendwann ist das hier alles auch voll belegt.«

»Dann ist es doch ganz gut, dass Obama die Truppen abziehen will«, dachte ich zu laut. »Ich meine, dann kletterst du nach oben, auf der Warteliste.«

Carol sah das überraschenderweise anders: »Ach, so wichtig ist es mir dann auch nicht.«

Wenn man es schafft, Arlington zu verlassen, geht man unweigerlich auf die Innenstadt zu, die aus weiteren Kriegsdenkmälern besteht. Jeder Krieg hat sein eigenes, das für den Koreakrieg findet Carol am schönsten.

»Es sieht so ordentlich aus«, lobte sie die Arbeit.

Eine lange Mauer, in der die Namen sämtlicher Gefallener eingraviert sind, erinnert an den Vietnamkrieg.

Die vielen, äußerst verwahrlost wirkenden Rollstuhlfahrer, die sich dort eingefunden hatten, erinnerten zusätzlich daran, dass ein Kriegsdenkmal nicht unbedingt eindrucksvoller wirkt, nur weil es schön ordentlich ist.

»Das war kein guter Krieg«, gestand sogar Carol ein, als sie sah, wie ein Mann ohne Arme und Beine versuchte, einen Strauß Blumen niederzulegen.

Wir schwiegen lange, und bevor eine von uns den Augenblick hätte zerstören können, begann das große Feuerwerk zu Ehren des Nationalfeiertages. Die Menschen, die mit riesigen Schildern gegen Präsident Obama demonstrierten, hörten auf mit ihrem Geschrei, die beiden Kriegsgegner, die sich an einen Baum gekettet hatten, befreiten sich gegenseitig von dem Klebeband auf ihren Mündern, und zusammen mit den vierhunderttausend Menschen starrten sie gebannt in den Himmel, und riefen: »Ohhh!« und »Ahhh!«.

Es war fast so schön bunt wie das Grab von Elvis Aaron Presley.

# Dollerup

Durch die Windschutzscheibe starre ich perplex auf das Schild, das vor mir auf der Hauswand angeschlagen ist:

Computerprobleme Fragezeichen.
Immer her damit Ausrufezeichen.

Etwas kleiner darunter steht noch der Absender:

Michael Schickerhannes,
der etwas andere Computerfachmann.

Und es ist nicht die zweifelhafte Textbotschaft, die mich an dieser Reklametafel irritiert, es ist die Katze, die jemand daneben gemalt hat. Eine Comic-Katze, schwarz-orange getigert, die auf eine Tastatur eindribbelt. Jeder Mensch, der nach 1945 und vor 1995 geboren wurde, könnte das Viech zweifelsfrei identifizieren, nämlich als: »Soll das etwa Garfield sein?«
Und genau diese Frage beschäftigt auch mich. Wäre es möglich, dass der sehr späte Picasso irgendwann anonym in Dollerup, Schleswig-Holstein, gelebt hat, und

die einzige Spur, die er hier hinterließ, war eine Auftragsarbeit für Michael Schickerhannes, Computerfachmann, nämlich eben jenes Werk »Computerprobleme? Immer her damit!«

Ich verwerfe den Gedanken. Erstens weiß ich nicht, ob sich Garfield, Picasso und Computer eine epochale Schnittmenge teilten, zweitens glaube ich nicht, dass man hier, in Dollerup, auch nur einen Tag lang anonym leben kann.

Wie sähen die anderen Möglichkeiten aus? Hat Michael Schickerhannes selbst die Katzenfratze gemalt, die charakteristischen, verräterischen Streifen, einer Vision folgend, hinzugefügt, ohne den berühmten Garfield jemals gesehen zu haben? Vielleicht. Meinen bisherigen Beobachtungen zufolge kamen erst die Peanuts nach Dollerup, dann, im letzten Jahr, die Diddl-Maus. Dazwischen war nichts.

In einer Weltstadt, sagen wir mal Köln, würde so ein Schild unweigerlich zum Eklat führen. Da klagen ja die »Bläck Föös« schon, wenn jemand auch nur unbefugt das Wort »Veedel« in den Mund nimmt, das haben die ja erfunden. Aber in Dollerup muss man sich keine Sorgen um juristische Erbsenzählerei machen. Hier gibt es keine Gerechtigkeit. Dafür ist meine Mutter seit zwei Stunden hier. Keiner entgeht seinem Schicksal, auch ich nicht.

Wenn ich mich selbst versteckt hätte, wäre ich wahrscheinlich schon gefunden worden, aber mehrere glückliche Zufälle spielten mir in die Hände. Zunächst bin ich durch reichlich Buschwerk genügend getarnt. Das stammt aus den drei Gartencentern, die meine Schwester, meine Mutter und ich bisher abgeklappert haben. Das Auto, indem ich mit besagten Büschen, vierzehn Sack Rindenmulch und ein paar Zierpflanzen hocke, befindet sich auf dem Parkplatz des vierten Gartencenters von Dollerup. Mutter und meine Schwester sind immer noch dort und schon etwas durcheinander. Sie dachten wohl, ich sei der neue Hund, weil ich nicht gut höre und außerdem während des Einparkens das Katzen-Computerschild angeknurrt habe. Meine Schwester verabschiedete sich daraufhin mit einem unmissverständlichen »Nein!« von mir, und als ich ihren erhobenen Zeigefinger unterwürfig leckte, sagte sie: »Fein!« und knallte die Autotür vor meiner Nase zu.

Meine Mutter war schon längst im Gartencenter und suchte die Rosenbüsche aus, die meine Schwester gerne haben will. Grundsätzlich darf meine Schwester in ihrem Garten zwar anpflanzen, was sie will, aber meine Mutter meint, Rosenbüsche wären sehr schön. Und da sie diejenige ist, die bezahlt, reicht es vollkommen aus, dass sie nur meint und meiner Schwester nicht vorschreibt, was sie anpflanzen soll.

Aus dem Seitenfenster sehe ich, dass meine Schwester zu erschöpft ist, um gegen die Blumenwahl aufzubegehren. Um »Nein!« zu sagen, hat sie sich ja einen Hund zugelegt. Fein.

Ich lasse den Blick schweifen und stelle fest, dass ich mit hinein gedurft hätte. Da ist noch ein Schild, an der Eingangstür, auf dem steht: »Wuffis welcome!«, daneben eine Schüssel mit Wasser und ein Quietscheknochen.

Das hätte mich schon interessiert oder wenigstens abgelenkt. In Dollerup wäre wohl jeder gerne Hund. Für die läuft es hier besser als zum Beispiel für etwas andere Computerfachmänner. Hunde dürfen hier alles und füllen gleichzeitig eine wichtige Position in der Gesellschaft aus. Heute beim Frühstück hat meine Schwester von den Nachbarn erzählt. Sie sind vielseitig interessiert, wie es scheint.

»Da wohnen die mit dem Rottweiler, der ist aber lieb. Und die auf der anderen Seite haben so einen Mischling, aber der ist schon alt.«

Als mein Vater nachfragte, ob Familie Mischling nicht auch ein etwa fünfzehn Meter langes Motorboot hätte, welches er glaubte bei unserer Ankunft in deren Einfahrt erspäht zu haben, mumpfte meine Schwester störrisch: »Was weiß ich denn? Der Hund heißt jedenfalls Bucky.«

So ist Dollerup, und genauso habe ich es mir vorgestellt. Meine Mutter ebenfalls, aber sie steht auf Katastrophentourismus, deswegen wollte sie hin. Mein Vater sowieso, also bin auch ich mitgefahren, weil ich messerscharf kombinierte: Wenn meine Eltern in Dollerup sind, können sie nicht gleichzeitig mich in Köln besuchen, und wenn ich mit ihnen komme, müssen sie mich auch innerhalb des nächsten halben Jahres nicht besuchen, denn sie haben mich ja schon gesehen. Bingo!

Sieht man sich mal so im Tierreich um, wird man feststellen, dass Verwandtenbesuch dort vollkommen unnatürlich ist. Bei den Füchsen und Bären, da werden die Jungen rausgeschmissen, sobald sie das grobe Überleben gelernt haben. Eigenes Revier suchen, und gut ist. Tschüssi, schöne Balz dann noch! Da wird auch nicht erwartet, dass die Kleinen zu Weihnachten mit der Dreckswäsche und einem Burn-Out-Syndrom anschlonzen. Nur Lachse sind doof genug, noch mal die Wiege ihrer Kindheit aufzusuchen. Die denken sich wahrscheinlich noch so ganz naiv: »Boah, ey, die Stromschnellen flussaufwärts hoch, da habe ich aber ganz schön geackert, ordentlich Überstunden gemacht, da kommt sicher gleich das Paradies.«

Nö, da kommt ein hungriger Grizzly, du Depp.

Lachse, das sind doch dieselben Leute, die es für eine gute Idee halten, die Einliegerwohnung ihres Elternhauses in Gummersbach auszubauen, damit man nah beieinander ist, falls mal etwas passiert. Nur passiert dann nichts mehr, nicht einmal die große, gnädige Bärentatze erscheint.

Und umgekehrt machen sich in der Natur auch die Elterntiere keine Gedanken um ihren nicht mehr zu Hause wohnenden Nachwuchs. Kein Schwein denkt: »Da gehe ich doch mal schauen, was die Ferkel vom letzten Jahr so treiben. Ich bringe auch was zum Rumsauen mit, vielleicht vier Kubikliter Rindenmulch und eine Wagenladung kreativer Verbesserungsvorschläge für die Suhle.«

Nicht, dass man mich missversteht: Ich liebe meine Familie. Ich bin sehr gern das Kind meiner Eltern, aber für den restlichen Tag wäre ich doch lieber der Dalmatiner meiner Schwester. Aber ich bin es eben nicht, wie ich ein weiteres Mal erfahren muss.

»Ach, du bist das. Sag das doch«, begrüßt meine Mutter mich leicht verärgert und wirft mir zwei Rosensträucher auf den Schoß. Der eine blüht weiß, der andere rot. Meine Schwester hatte vor unserer Exkursion angedeutet, sie hätte gerne rosafarbene Rosen.

»Du kannst sie ja dicht zusammenstellen und dir einen ansaufen«, flüstere ich ihr zu, als sich meine Schwester neben mich auf den Fahrersitz fallen lässt.

Sie nickt kichernd, und ich beginne, mir Sorgen um sie zu machen. Meine Schwester hat seit 1992 keinen Tropfen Alkohol getrunken.

Sie ist ein starker Mensch. Todesmutig steuert sie Gartencenter Nummer fünf an, während unsere Mutter von der Rückbank aus ihre Eindrücke von der Umgebung schildert.

»Mein Gott, was sehen die hier alle alt aus!«, ruft sie bei geöffnetem Fenster zwei pferdeärschigen Matronen hinterher.

»Vielleicht *sind* sie ja alt«, schlägt meine Schwester vor. Meine Mutter schüttelt den Kopf: »Nein, sind sie nicht. Das sieht man. Am Hals.«

Im Rückspiegel beobachte ich, wie sie sich an den eigenen packt, die Jahresringe durchzählt und schlussfolgert: »Die waren höchstens so alt wie ich. Die altern hier auf dem Land einfach schneller. Und dann noch diese grausigen Klamotten, unfassbar!«

Als amtlich beglaubigte Stil-Ikone des Münsteraner Kreuzviertels weiß meine Mutter, wovon sie spricht. Sie ist selbst auf dem Land aufgewachsen. Bis sie sechs wurde, hat sie auf dem Dorf gewohnt, von dem sie nur in linearer katholischer Abscheu spricht: Fegefeuer, Vorhölle, Ostbevern. Sie hat sich da mühsam rausgekämpft, aus dem Sumpf und der Armut – wie eine Dolly Parton ohne Titten.

Meine Mutter hasst das Landleben, will aber auf ein kleines Stück Natur nicht verzichten. Sobald mein Schwager unter ihrer Anweisung die von ihr ausgesuchten Rosenbüsche eingepflanzt hat, kann sie wieder nach Hause fahren, diese Aussicht hält uns alle drei davon ab, aus dem fahrenden Auto zu springen. Das vorbeiziehende platte Land scheint jedoch Erinnerungen in ihr zu wecken, der große Ostbevern-Koller steht bevor, meine Schwester und ich schalten auf Dalmatiner-Modus und lassen sie reden.

»Ihr könnt euch ja gar nicht vorstellen, wie das war! Die Pfaffen haben einen ja im Beichtstuhl mit Namen angesprochen, schrecklich war das. Diese Weiber in ihren Kitteln! Ich habe ja bis zu meinem siebzehnten Lebensjahr gar keinen Mann zu Gesicht bekommen! Als ich das erste Mal Aftershave gerochen habe, bin ich ja gleich ohnmächtig geworden.«

Meine Schwester und ich nicken ergeben. Die Geschichte hat mein Vater bestätigt. Er hat meine Mutter noch auf die klassische Art erobert, mit einem halben Liter Old Spice, dem Rohypnol der Sechzigerjahre.

Mein Mutter setzt noch einen drauf: »Als euer Vater mal vorschlug, wir sollten aufs Land ziehen, da habe ich gesagt: ›Mach doch, aber ohne mich!‹ Da hat er natürlich Angst bekommen und ist dageblieben.«

Meine Schwester und ich seufzen erleichtert. Zwar hatten wir diese Wendung in der Geschichte schon deshalb vorausgesehen, weil wir unseren Vater in unseren ersten achtzehn Lebensjahren stets nach Schulschluss in unserer schönen Stadtwohnung vorgefunden haben, aber es beruhigt dennoch ungemein, diese subjektiven Wahrnehmungen noch einmal bestätigt zu bekommen.

»Jedenfalls, für mich wäre das hier ja nichts«, schließt unsere Mutter seufzend ihren Vortrag.

Meine Schwester trommelt auf das Lenkrad, doch sie dreht nicht durch. In Dollerup hat sie eine gewisse Bauernschläue entwickelt und festgestellt, dass Rache ein Gericht ist, das am besten als Snack zwischendurch gereicht wird.

»Oh, guckt mal, da bin ich doch glatt am fünften Gartencenter vorbeigefahren, wir sind zu Hause, na so was!«

Blitzschnell steigt sie aus, und ihr echter Dalmatiner rennt auf sie zu, überschlägt sich fast vor Freude und purzelt über den Rasen. Gegen den habe ich keine Chance, denke ich. Die Flecken bekäme ich noch hin, aber nicht das Hochspringen.

Meine Mutter sieht lächelnd aus dem Fenster: »Och, Tinka, guck mal, ist das nicht süß? Ich glaube, für deine Schwester ist das genau das Richtige hier. Das ist doch schön, da freue ich mich aber für sie.«

»Dann sag ihr das doch mal«, empfehle ich meiner Mutter. Sie grinst.

»Wo bliebe da der Spaß?«, fragt sie zurück. »Die soll sich mal schön freuen, wenn wir heute Abend wieder weg sind, aber so richtig. Das finde ich ja immer das Schönste, wenn ihr uns besuchen kommt. Das ist so gemütlich, wenn ihr wieder weg seid, herrlich!«

Mit diesen denkwürdigen Worten steigt meine Mutter aus dem Auto, lächelt und ruft meiner Schwester zu:

»Die Einfahrt wollt ihr aber nicht so lassen, oder?«

Sie dreht sich noch einmal zu mir um und zwinkert.

Der Dalmatiner wetzt über die Wiese, im Maul trägt er etwas, was verdächtig nach der Cashmere-Strickjacke meiner Mutter aussieht. Und dieses Mal fällt es mir schwerer als je zuvor, herauszuhören, ob meine Schwester diese Aktion mit dem Wort »Fein« oder »Nein« bewertet, so laut schreit meine Mutter. Na ja, egal. Hauptsache, der Hund lernt irgendwann den Unterschied.

# Rendezvous

Noch zweiundsiebzig Tage bis zu meinem Geburtstag! Höchste Zeit, dem geliebten Menschen kleine Hinweise zu geben, möglichst dezent.

»Weißt du, was ich mir wirklich, wirklich, wirklich wünsche?«, frage ich meinen Freund, und zwar so laut, dass er tatsächlich aufwacht.

»Was denn?«, grummelt er müde, aber nur, weil er nicht ganz zu Unrecht vermutet, dass ich ihm erneut die Vorteile eines Hundes darlegen möchte.

Zuletzt habe ich behauptet, einen ausgebildeten Bernhardiner vielleicht von der Steuer absetzen zu können, da die Argumentation »Dann sind wir schon drei, die nur schlafen, fressen und Haare verlieren« ihn nie vollkommen überzeugt hat.

»Ich wünsche mir eine Verabredung!«, rufe ich.

Die Überraschung ist ganz auf meiner Seite, mein Freund knurrt: »Mit wem? Mit dem Verband der Lawinenrettungshilfe?«

Ich freue mich kurz und leise darüber, dass mein Freund wohl doch intensiver über das Bernhardinerthema nachgedacht hat, als ich es ihm zugetraut habe, antworte jedoch: »Nein, ich will eine Verabredung mit dir. Ein Date. Wir hatten irgendwie nie ein richtiges Date«, nörgle ich mich warm.

Mein Freund seufzt: »Marie-Antoinette hatte auch kein Date mit dem König von Frankreich, bevor sie ihn geheiratet hat.«

»Und sie ist deswegen geköpft worden«, triumphiere ich.

Mein Freund stöhnt, wie er immer stöhnt, wenn er sich selbst verbal ausgeknockt hat. Jetzt fürchtet er, dass ich nachlege, wenn er nicht sofort wieder aus seiner Ecke krabbelt. Dafür, dass es drei Uhr morgens ist, befindet er sich in Topform. Aber wir trainieren ja auch jede Nacht.

»Wir sollen uns also verabreden, ja? – Wie stellst du dir das genau vor? Wir wohnen zusammen!«

Mein Freund ist manchmal so dermaßen in der Realität festgefahren, dass ich mich schon wundere, wie wir uns dort überhaupt begegnen konnten. Ein Date aber will ich immer noch.

»Okay, ich verzichte darauf, dass du mich mit dem Auto abholst«, schlage ich ihm großzügig vor, und er nimmt das Angebot an.

»Großartig, Katinka, da trifft es sich doch wunderbar, dass wir gar kein Auto haben.«

Mein Freund vertritt übrigens tatsächlich die irrwitzige Meinung, dass man ein Kraftfahrzeug leichter steuerlich geltend machen könnte als einen alpinen Rettungshund.

»Du könntest mit dem Zug nach Münster kommen«,

biete ich an, »dort unterhältst du dich eine Weile mit meinem Vater, bis ich die Treppe heruntergeschwebt komme. In einem, na, sagen wir hellblauen Seidenkleid, damit du die zum Kleid passenden Blumen mitbringen kannst ...«

Mein Freund sitzt plötzlich kerzengerade im Bett: »Blumen? Ab sofort guckst du keine Highschool-Filme mehr! Absolutes Abschlussballverbot für dich, verstanden? Es ist doch nicht zu glauben! Wenn man dich mal für einen halben Tag allein vor dem Fernseher lässt, tust du nichts anderes, als dich freiwillig amerikanisieren zu lassen. Woher kommt das bloß? Und überhaupt: ein Date! Du bist doch keine sechzehn mehr!«

»Meinetwegen können wir das ganze auch Verabredung oder Rendezvous nennen«, beginne ich zu schniefen.

Mein Freund sieht mich besorgt an, er knickt ein: »Okay, rendezvousen wir uns. Aber ohne Blumen, ohne Zugfahrt nach Münster, und deine Eltern muss ich auch nicht zum hundertsten Mal kennenlernen. Außerdem werde ich keinen Anzug anziehen!«

Das mit dem Anzug kam von ihm. Ich wittere eine Verhandlungsbasis.

»Aber du rasierst dich!«

»Nur, wenn ich sowieso müsste.«

Ich schmolle. Kurz, aber wirkungsvoll.

»Okay, es wird rasiert. Und was machen wir dann?«

»Nicht ins Kino!«, jauchze ich aufgeregt. »Führ mich bloß nicht ins Kino aus, da willst du immer nur den Film sehen.«

»Ja, du doch auch«, entgegnet mein Freund. »Außerdem gehen wir beide doch sehr oft ins Kino, um Filme zu sehen. Beziehungsweise: Ich sehe den Film und erzähle dir währenddessen, was passiert, weil du ja immer deine Brille vergisst!«

»Genau deswegen gehen wir ja bei unserer Verabredung nicht ins Kino. Ich will bei meinem ersten Date mit dir auf keinen Fall eine Brille tragen, ich will hübsch aussehen.«

Mein Freund versteht das nicht: »Du siehst doch gar nicht, wie du ohne Brille aussiehst.«

»*Du* sollst mich doch angucken, du Depp! – Du bist total unromantisch.«

Mein Freund schnauft: »Ich bin nicht unromantisch. Ich will nur nicht den ganzen Tag darauf aufpassen, dass du nicht gegen die Straßenlaternen rennst, nur weil du deine Brille nicht aufsetzen willst!«

»Aber genau das ist doch romantisch«, rufe ich.

»Was? Gegen Laternen zu semmeln?«

»Na-hein! Dass du auf mich aufpasst. Mich beschützt. Vor den Gefahren da draußen. – Also, was immer wir bei unserem Rendezvous machen, wir machen es ohne Brille.«

»Darf ich meine aufsetzen?«

»Auf gar keinen Fall! Rasieren und Kontaktlinsen, das sind nun mal meine Bedingungen. Mehr will ich ja gar nicht.«

Mein Freund ist begeistert: »Okay, super, dann steh ich jetzt auf, rasier mich, setz die Linsen rein, und fertig ist die Laube. Gut, oder?«

Eine Frau weiß, wann aus einem harmlosen Flirt etwas Ernsthaftes wird. Mit Grabesstimme frage ich den Mann, der seit Jahren Tisch und Bett mit mir teilt: »Du willst dich überhaupt nicht mit mir verabreden, oder?« Ich überlege, ob ich jetzt mit Heulen anfangen soll, entschließe mich aber für die andere, jederzeit bestehende Möglichkeit und jaule: »Ein Hund würde immer mit mir ausgehen wollen.«

Jetzt heult beinah mein Freund: »Also, Katinka, ich habe langsam das Gefühl, es geht dir gar nicht um mich, sondern nur ums Ausgehen, Hauptsache ohne Brille. Ob ich mit dir ausgehe oder ein Blindenhund, das ist dir scheißegal.«

»Stimmt doch gar nicht!«, kreische ich und nehme meinen Freund in den Arm, damit er sich wieder beruhigt. Er ist äußerst zart besaitet, wenn es um diese Beziehungskisten geht. »Also, pass auf«, verkünde ich, nachdem wir uns ausgeweint haben, »wenn wir uns für Samstag verabreden, dann fange ich für ein ganzes halbes Jahr nicht wieder mit einem Hund an, okay?«

»Gebongt!«, ruft mein Freund und haut seinen Kopf auf das Kissen.

Als ich Sekunden später Schnarchgeräusche wahrnehme, stupse ich ihn noch einmal an.

»Äh, Liebster! Könntest du mich vielleicht fragen?«

»Nach was denn?«, nuschelt er müde.

»Na, nach der Verabredung.«

»Wir hatten doch Samstag gesagt. Oder jetzt doch nicht?«

»Doch, klar, Samstag, gebongt«, murmele ich und

versuche, noch etwas aufgeregt zu sein, schlafe aber sofort ein.

***

Es ist Samstag, und wir beide regen uns sehr auf. Gegenseitig.

»Wir hätten im Sommer gehen sollen«, nörgelt mein Freund.

»Unfug! Im Sommer sind viel zu viele Kinder hier, die rumschreien.«

»Aber im Sommer sind mehr Tiere wach.«

»Wir sind doch nicht wegen der Tiere im Zoo, du Idiot.«

Ich kann nicht glauben, dass diese Worte aus meinem Mund geflutscht sind. Eigentlich will ich immer Tiere gucken, sogar im Zoo, aber heute ist schließlich mein Date, das lasse ich mir weder durch schlafende Tiere versauen noch durch meinen Freund.

Wir lassen unsere Blicke durch die graue Ödnis schweifen. Da ich keine Brille trage, erkenne ich die Dinge nur sehr schemenhaft, oder sagen wir lieber, alles um uns herum verschwimmt, wegen der starken Gefühle.

»Oh, guck mal, dahinten, da bewegt sich was! Eine Antilope oder so.«

Zackig laufen wir zum gegenüberliegenden Gehege, aber das verdammte Biest ist schneller. Als wir bei ihm angelangt sind, ist es im Stehen eingeschlafen oder tut zumindest so.

»Das ist ein Okapi«, liest mein Freund mühsam von der Tafel ab, »sein Lebensraum sind die tropischen Regenwälder Afrikas. – Hey, Moment mal, dann kennt das ja gar keinen Winter, das darf jetzt überhaupt nicht schlafen.«

»Hey, Okapi, wecki-wecki! Zackig!«, rufen wir beide und wedeln mit den Armen.

Das Okapi fliegt weg. Mein Freund schaut irritiert auf die Tafel: »Das steht hier aber gar nicht, dass die das machen.«

»Haben Sie gerade unseren Reiher verscheucht?«, fragt der Tierpfleger, der sich böswillig an unser romantisches Date herangeschlichen hat.

»Der war falsch einsortiert«, verteidige ich unser Weckmanöver.

»Und überhaupt: Müsste der nicht in den Süden fliegen?«, versucht mein Freund ihn abzulenken.

»Unser Reiher fliegt, wohin er will«, behauptet der Pfleger und schenkt uns einen Blick, den wir aus dem Fernsehen kennen. So gucken Tierpfleger immer die Großkatzen an, bevor sie die Betäubungspfeile auf sie richten.

Instinktiv rennen wir ein bisschen weg, begreifen aber, dass wir keine direkten Fluchttiere sind, und suchen stattdessen Schutz im Dickicht.

»Das ist jetzt schon romantisch«, befinde ich, als wir im Innersten des Oleanderbusches angekommen sind.

»Romantisch? Ich fand das jetzt eher beängstigend. Ich meine, der Typ war doch drauf und dran, uns in einen Käfig zu sperren.«

Aber mein Freund lächelt, als er das sagt. Ich weiß, dass er stolz darauf ist, für eine wilde Kreatur gehalten zu werden. Hätte er sich heute Morgen nicht rasiert, könnte er sich mit den eben erlangten Referenzen vielleicht ins Bärengehege einschleichen und wäre damit seinem persönlichen Traum vom naturverbundenen Frührentnerdasein ein ganzes Stück näher.

»Neeeiiin, ich meine das mit dem Okapi-Reiher. Der fliegt, wohin er will«, erläutere ich ihm.

Mein Freund klaubt sich eine Handvoll Beeren aus dem Nachbarstrauch und sagt: »Also, wenn ich ein Vöglein wär, dann würde ich ja wohl auch dahin fliegen, wo ich will.«

Ich sehe mich gezwungen, mein Fachwissen über die Vogelwelt auszubreiten.

»Manche Vögel können das aber nicht. Kanadagänse zum Beispiel. Die müssen immer zu einem bestimmten Termin dieselbe Route fliegen, bis in den Süden. Das ist genetisch bei denen. Die müssen sogar eine Woche Pause in Viersen bei Mönchengladbach machen, hab ich mal gelesen.«

»Das ist ja blöd. Wenn du nicht fliegen kannst, wohin du willst, da kannst du ja gleich als Saftschubse bei Germanwings anfangen.«

»Stimmt. Und die armen Pinguine erst. Die können gar nicht fliegen.«

»Na, besser als jedes Jahr eine Woche nach Viersen zu müssen.«

»Da hast du recht. Apropos: Wollen wir mal aus dem Busch raus, die Pinguine besuchen?«

»Meinetwegen. Sind die denn wach?«

»Müssen sie ja. Die kommen doch vom Südpol, da ist doch jetzt Sommer, oder nicht?«

»Ach ja, klar. Wir könnten aber auch alternativ einen Kakao trinken gehen. Wir sind ja heute nicht wegen der Tiere im Zoo, sondern wegen der Romantik.«

»Findest du Kakao etwa romantischer als Pinguine?«

»Kommt darauf an. Wenn die Pinguine auch nur pennen oder wegen der Zeitumstellung nach Viersen geschwommen sind, finde ich Kakao wesentlich romantischer als ein leeres Becken«, erwidert mein Freund.

»Ehrlich gesagt, ich auch. Wird auch langsam schon dunkel.«

»Ja, da könnte man eh nur noch die Vorderseite von den Pinguinen sehen. Das lohnt ja nicht.«

»Ja, das wäre wieder so eine halbe Sache. Aber ich fand es sehr schön, bisher, unser Date im Zoo.«

»Ich auch. Weißt du, wie wir wieder aus diesem Busch rauskommen?«

»Klar. Wir beißen uns durch«, schlage ich vor. »Wir beißen uns durch. Wie immer.«